广东省中小学"百千万人才培养工程"
初中理科名教师培养项目丛书

丛书总主编：于 慧 李晓娟

育人自育　真人自真

初中数学"育真课堂"实施路径研究

赵桂枝　著

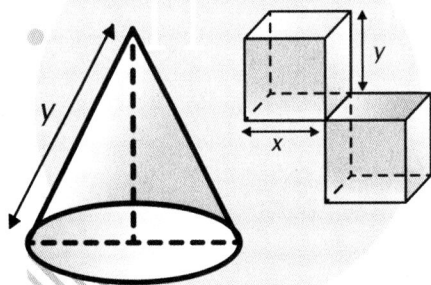

暨南大学出版社
JINAN UNIVERSITY PRESS

中国·广州

图书在版编目（CIP）数据

育人自育 真人自真：初中数学"育真课堂"实施路径研究/赵桂枝著. —广州：暨南大学出版社，2024.12
（广东省中小学"百千万人才培养工程"初中理科名教师培养项目丛书／于慧，李晓娟总主编）
ISBN 978 - 7 - 5668 - 3921 - 3

Ⅰ.①育… Ⅱ.①赵… Ⅲ.①中学数学课—课堂教学—教学研究—初中 Ⅳ.①G633.602

中国国家版本馆 CIP 数据核字（2024）第 097968 号

育人自育 真人自真——初中数学"育真课堂"实施路径研究
YU REN ZI YU ZHEN REN ZI ZHEN——CHUZHONG SHUXUE "YU ZHEN KETANG" SHISHI LUJING YANJIU

著 者：赵桂枝

··

出 版 人：阳 翼
统 筹：黄 球 潘江曼
责任编辑：康 蕊
责任校对：刘舜怡 许碧雅
责任印制：周一丹 郑玉婷

出版发行：暨南大学出版社（511434）
电 话：总编室（8620）31105261
　　　　营销部（8620）37331682 37331689
传 真：（8620）31105289（办公室） 37331684（营销部）
网 址：http://www.jnupress.com
排 版：广州良弓广告有限公司
印 刷：广州市金骏彩色印务有限公司
开 本：787mm×1092mm 1/16
印 张：13
字 数：240 千
版 次：2024 年 12 月第 1 版
印 次：2024 年 12 月第 1 次
定 价：59.80 元

前　言

明末清初思想家王夫之曾说："德以好学为极，欲明人者必须先自明。"这句话的意思是人的道德凭借好学来完善。想要让别人清楚明了一件事，先要自己明白。人民教育家陶行知的教育观是"千教万教教人求真，千学万学学做真人"，意思是老师千教万教都是教人追求真理，学生千学万学都是学做品行端正的人。

笔者从教二十余年，经历了从教书到教数学，从教人到教思想，从教学到学教的过程。经过无数次思考、实践、再思考、再实践的循环，渐渐理解了数学本身的发展有一定的顺序，人们对数学的认知也有一般性的顺序（规律），每个个体对数学的学习又都有着独属于自己的顺序。面向整体，要抓住人的共性，遵循人类发展的规律，借鉴数学发展的历史设计教学；面向个体，要承认差异、尊重差异、兼顾差异，使每个学生都能够通过数学思考在原有的基础上实现思维的自主生长，提升数学素养。

本书依据笔者二十余年的教学经验和体验撰写，包括教师专业阅读、"育真课堂"实施路径、"育真数学"教学反思、"育真小屋"的"枝言知语"四部分。

随着时代的发展，提升教师专业素养越来越受到国家及各级教育部门的关注。2018 年 1 月，中共中央国务院《关于全面深化新时代教师队伍建设改革的意见》中指出，党的十八大以来，以习近平同志为核心的党中央将教师队伍建设摆在突出位置，作出一系列重大决策部署，各地区各部门和各级各类学校采取有力措施认真贯彻落实，教师队伍建设取得显著成就。2022 年，党的二十大报告指出：没有高水平的教师，就谈不上高质量的教育。专业阅读是提高教师专业素养的重要途径，本文第一章主要阐述了笔者自 2015 年开始，从提升个人专业阅读意识到倡导初中数学教师一起进行专业阅读的过程和收获。

2021 年 8 月，笔者有幸加入广东省高艳玲名教师工作室，高老师基于陶行知先生提出的"千教万教教人求真，千学万学学做真人"和中山市教育教学研究室初中数学教研员周曙老师提出的"真·实"数学，提出了"育真数学"的教学主张。2021 年 12 月，笔者的"初中数学'育真课堂'实施路径研究"成功申报了省级课题，课题围绕"育真数学"进行研究，从课堂教学入手，思考"育真数学"教学主张在教师教学和学生学习等方面的具体化表达和实施路径。本书第二章即对以上内容的具体阐述。

本书第三章是笔者的教学反思。在课堂教学中，常常会出现无意识的"假探究""假合作""假交流"，这些现象对学生的学习会产生不利的影响。笔者整理了自己近 10 年的教学反思，选出较为典型的几篇分享给读者。主要体现笔者在教学中探索引导学生"学习真数学""真学习数学"的过程思考；倡导用教师的真实鼓励学生的真实，共同追求过程的真实。

育人自育，真人自真。作为一名教师，在教育学生的同时，自己也要更加明晰事理，知行合一；在引领学生求真务实的过程中，自己也需养成求真的品质。本文第四章记录了笔者与学生共同进步的点点滴滴，用以自勉。

由于本人能力有限、才疏学浅，书中有些观点还不够成熟，错误和不足也在所难免，敬请读者批评指正。

赵桂枝

2024 年 8 月 6 日

目 录
CONTENTS

第一章 教师专业阅读

第一节 共读一本书

教师专业素养是影响学校教学质量的重要变量，是教师队伍建设的重要元素。2015 年 3 月，由中山市教育教学研究室初中数学教研员周曙老师牵头，组建"中山初中数学教研共同体"（简称"共同体"）。共同体定期开展教研活动，为教师提升专业素养提供机会和平台。"每年共读一本专业书籍"是其中的一项主题活动，旨在通过专业阅读提升教师专业素养。2016 年共读波利亚的《怎样解题》；同年 12 月，共同体举行读书分享会，在没有规定分享内容的前提下，共有 15 位教师进行分享，只有一位教师选择分享专业书籍《怎样解题》的读后感。2017 年共读史宁中教授的《数学基本思想 18 讲》，2018 年共读张奠宙教授的《数学教育的"中国道路"》，2019 年共读郑毓信教授的《新数学教育哲学》，2020 年共读汪晓勤教授的《HPM：数学史与数学教育》，2021 年共读曹才翰、章建跃教授的《数学教育心理学（第 3 版）》，2022 年共读何小亚、姚静教授的《中学数学教学设计（第三版）》。

2019 年，在读《新数学教育哲学》时，我曾通过网上问卷调查和访谈的方式进行了解，在共同体中，92.6% 的教师对于《新数学教育哲学》感到读不懂，48.8% 的教师觉得抽不出时间进行专业阅读。为了读懂、读透这本大家公认为十分"烧脑"的书，为了真正达到"共读"的目标，我主动请缨，督促共同体全体会员利用整个暑假和工作之余的时间在微信群里"读书打卡"53 天里，会员们撰写共读笔记总字数近 28 万。2020 年，我提出面向中山市初中数学教师发起共读《HPM：数学史与数学教育》的倡议。259 位教师加入了共读群，105 位教师参与了互动讨论，共分享读后感 39 万字。在中山市 2020年论文评选中，老师们撰写的与 HPM 有关的论文中获得一等奖的有 5 篇、二等奖的有 6 篇、三等奖的有 7 篇。我们欣喜地看到专业阅读改变了课堂、促进了教研、提高了教师的专业水平。同年，我申报的省级课题"通过专业阅读提升初中数学教师专业素养的实践研究"顺利通过评审，6 月正式开始立项研究。

课题组汪晶晶老师对初中数学教师专业阅读时间规划进行了研究：

上海市教育科学研究院博士生导师顾泠沅说："做学问要巧用'零布头'。时间是一匹布，而生活却常常把它剪成琐碎的零布头。"做学问的人必须学会利用这些零碎的时间。如何在繁忙的工作中找到零碎的时间并将其集零为整是课题组首要研究的内容。

教师的时间特点。

教师每周一至周五在学校上班，除了备课、上课、批改作业，还要处理日常工作事务，有时候还要处理学生突发情况和完成临时安排的任务，尤其是不少数学教师双肩挑，还同时承担班主任工作，时间更是被各种教学任务和班主任工作填满，基本上每天早上 7：30 至下午 5：30 都在马不停蹄地工作。作为女教师，下班回到家不仅要做家务，还要陪娃学习、玩耍，差不多到晚上十点之后才能有自己的时间。好不容易等到周末和假期，也要游走于各种兴趣班、公园、游乐场之间。因此，作为教师，同时承担着各种社会、家庭角色，时间被切割得零零碎碎，需要在其中挤出时间进行专业阅读，提升专业水平。

专业阅读时间规划。

将专业阅读摆在重要位置。

有一则故事：一位专家给一群学生上课，他说"我们来做个小实验"，于是拿出一个一加仑的广口瓶放在他面前的桌上。随后，他取出一堆拳头大小的石块，仔细地将一块块放进玻璃瓶里。直到石块高出瓶口，再也放不下了，他问道："瓶子满了吗？"所有学生应道："满了。"专家反问："真的？"他伸手从桌下拿出一桶砾石，倒了一些进去，并敲击玻璃瓶壁使砾石填满下面石块的间隙。"现在瓶子满了吗？"他第二次问道。这一次学生有些明白了。"可能还没有。"一位学生应道。"很好！"专家说。他伸手从桌下拿出一桶沙子，开始慢慢倒进玻璃瓶。沙子填满了石块和砾石的所有间隙。他又一次问学生："瓶子满了吗？""没满！"学生们大声说。他再一次说："很好。"然后他拿过一壶水倒进玻璃瓶，直到水面与瓶口平齐。他抬头看着学生，问道："这个例子说明什么？"一个心急的学生举手发言："它告诉我们：无论你的时间表多么紧凑，只要你确实努力，你就可以做更多的事！""不！"专家说，"那不是它真正的意思。这个例子告诉我们：如果你不是先放大石块，那你就再也不能把它放进瓶子里。"

这个故事给我们的启示是，专业阅读就像实验中的大石块，教师要认同专业阅读的重要性，认同教师进行专业阅读是提升专业素养的重要路径。无论我们在什么年龄段，也不管我们的专业基础如何，坚持专业阅读一定会提升专业水平。事情是做不完的，我们要抓大放小，先做重要的、有意义的事情。将专业阅读摆在重要的位置，才能保证每天有效的专业阅读时间。

专业阅读要"专时专用"。

数学专业阅读不同于一般阅读，很多内容需要读者精心思考，甚至动手计算。因此，每天需要有专门的时间集中精力进行专业阅读。比如，每天晨起可以进行半个小时的整块阅读，或者睡前进行专业阅读。假期自我支配的时间较多，可以根据自身情况，规划某个时间段进行专业阅读。

巧用"零布头"。

鲁迅先生曾说："时间就像海绵里的水，只要愿挤，总还是有的。"虽然我们每天的时间似乎被各种事情填满，但其实只要做个专业阅读的有心人，总能挤出时间来进行阅读。比如，可以随身携带近期读的数学专业书籍或者电子书籍，在排队的时候可以阅读，等待孩子上兴趣班时可以阅读，晚上陪伴孩子做作业时也可以阅读。

抵制外界诱惑，保持高效阅读。

教师面对的问题也许并不是找不到时间进行专业阅读，而是在阅读的时候被各种各样的事情打扰，不能专心阅读。半个小时的专业阅读被中断数次，思维被打断，阅读效果可想而知。尤其对于数学专业阅读，更需要静心思考的环境。为了保证有效阅读，在阅读时，要摒弃一切外界干扰因素，比如，将手机放在包里或者另外一个房间，或者利用番茄工作法，保持 25 分钟不间断高效阅读。

总之，作为数学教师，首先要在心理上认同专业阅读的重要性，并且将专业阅读摆在重要的位置，保证专业阅读时间的"专时专用"，用好零碎时间，提高阅读效率。

课题组朱春凤老师对数学教师专业阅读方法进行了研究：

爱尔兰诗人叶芝说："教育不是灌满一桶水，而是点燃一把火。"毫无疑问，专业阅读能让这把火熊熊燃烧，形成燎原之势。如今，越来越多的教师形成了一种共识：通过专业阅读，可以更好地实现自己的专业成长！数学专业阅读能帮助教师将碎片化知识按照一定的逻辑和体系串联或整合起来，是提升数学专业素养的有效途径，是"复活知识"的有效工具。作为一名数学教师，要想了解这个学科的基本原理、发展历史、变化趋势和应对的挑战，阅读专业书籍不失为一种好的方法。但数学专业书籍大都晦涩、难懂、厚重，让人望而却步。伽利略曾说："数学似乎是上帝的语言。"这种"大部头"数学专业书籍犹如硬骨头，特别难啃。如何把"硬骨头"变软，变得"好啃"、好消化呢？有人说，学知识的能力比学知识更重要。那么，专业阅读的方法多种多样，到底选择什么样的专业阅读方法才能事半功倍呢？这也是许多数学教师孜孜不倦探究的问题。

华罗庚先生的"厚薄读书法"是在阅读过程中将"求全"与"求精"有机结合起来的一种阅读方法。此法先由厚到薄，再由薄到厚，最后由厚到薄。先生指出，"由薄到厚"是学习接受的过程，"由厚到薄"是消化、吸收、提炼的过程。那么在进行数学专业阅读时，如何做到"由厚到薄"和"由薄到厚"呢？课题组的朱春凤老师结合《新数学教育哲学》的阅读经历探索了借助"厚薄读书法"读数学专业书籍的方法。

《新数学教育哲学》是郑毓信教授的专著，全书近46万字。该书理论性较强，且涉及较多的哲学知识，对我来说是名副其实的"难啃大部头"。或许是天然巧合，我发现"厚薄读书法"与中医中的"望、闻、问、切"有异曲同工之妙。结合专业阅读经验，笔者将"厚薄读书法"诠释成"望、闻、问、写"四个阶段阅读法。

第一阶段：望。

"望"就是"远观"，以便观其大略，了解整体架构。在华罗庚看来，要将书读"薄"，首先要学会概读。读书应该先翻看目录，了解其大概内容。还要注意书的前言、章节的导引段落、总结段落和知识间的起承转合，它们往往揭示了知识的主要内容和知识的内在联系。领会了知识的概要，对书的初步感觉就是"薄"。

前言中，作者一般都会介绍为什么写这本书？它的主要内容是什么？和同类型的书相比较，它的区别或创新点是什么？例如《新数学教育哲学》的前言介绍：此书是郑毓信先生在数学教育哲学方面的第三部著作。和前两部书相比，它们的理论架构是一样的，仍是分别对数学观、数学教育观与数学教学观作出的较为系统和深入的分析论述。不同的是，本书增加了"做具有哲学思维的数学教师"这部分。而且，作者的立场更具开放性，不是简单地为读者提供直接的解答，而是指明问题的复杂性和观念的多样性，引导读者独立思考如何"做具有哲学思维的数学教师"。

通过浏览书的目录，我们可以快速搭建这本书的整体结构。全书分为哪几部分？每部分讲了什么内容？例如，从阅读目录可知，《新数学教育哲学》分为四个部分，分别是：什么是数学；数学教育目标与数学教育的性质；数学学习观与数学教学观；做具有哲学思维的数学教师。

第二阶段：闻。

"闻"就是"知道""听说"，近而听之，可以不求甚解。读者只需略读或通读，在快速抓住书的重点和主要内容后，针对内容的难易和重要程度，结合个人时间安排，制订阅读计划，为下一阶段的深入阅读做准备。

例如，通过泛读《新数学教育哲学》，可以快速知晓这本书的四个部分主要讲什么。第一部分，是追根溯源，揭示数学的本质。数学教育观主要分为数学教学观和数学学习观两大类。第二部分，是从社会需求等较大的范围讲数学教育。第三部分，是具体从教师和学生两者的角度来谈数学教育。第四部分，是从教师专业发展的角度来谈数学教育，指出教师要逐渐形成哲学思维，能够独立思考，进行批判性反思。

而且，通过这阶段的阅读，确定第一部分比较难读懂，在制订下一步阅读计划时，会预留更多的时间对第一部分进行深度阅读。

第三阶段：问。

"问"就是"询问""追究"，疑而问之。这一阶段是读者试图与作者建立关系的阶段，通过精读、细读、做批注，把书读"厚"。如华罗庚在《学·思·锲而不舍》一文中这样写道："一本书，当未读之前，你感到就是那么厚，在读的过程中，如果你对各章各节又作深入的探讨，在每页上加添注解，补充参考材料，那就会觉得更厚了。"

下面我将结合《新数学教育哲学》的第一部分——"什么是数学"的阅读经历来谈谈如何读懂这本书。

（1）首先利用批注读书法。对读懂的部分可以在旁边写上自己的见解；对于不懂的地方做出标记，以便下次带着问题继续阅读，重点突破。

（2）理解字、词、句。当无法理解专业术语或半专业术语时，可以采用查字典、网络资料，或联系上下文的形式帮助解读。

（3）提炼要点，概括段、节大意。例如《新数学教育哲学》第一部分第2.2节谈到数学的本体论和认识论问题时用了大量名师名家的言论，并从数学史、数学哲学等角度进行阐述，很容易让读者产生"云深不知处"的感觉。但是读者可以将这部分内容用简单的语言概括出来：数学既不是先验论，也不是经验论，而是具有不同于自然科学的经验性质，称作"拟经验性质"。所谓"拟经验性质"，必定有一个后天的检验、调整、改进与发展的过程。这样处理后，读者就豁然开朗了。

（4）绘制结构图。不同的书、不同的内容需要绘制不同类型的图。例如

《数学教育的"中国道路"》，它讲述了中国数学教育的发展历程，就比较适合绘制时间轴帮助阅读；而《新数学教育哲学》是从不同的角度看数学和数学教育，就可以绘制树状的思维导图，有利于理解整本书的结构特点。

（5）小组讨论。俗话说"三个臭皮匠，顶个诸葛亮"。阅读晦涩的专业书籍，读者们需要群策群力，共同进退。2019年，纪云共进组的成员就是采用小组讨论的方法来共读《新数学教育哲学》。共读小组除了在微信群中讨论，还一起在线下研讨了近10次。对于难度系数较大的章节，或者不理解的地方，小组集中阅读，互助讨论，加深理解。实践证明，组建阅读小组也是行之有效的方法。

（6）适当取舍。有舍才有得，在不影响整体阅读的前提下，有些难懂的章节也可以选择暂时跳过。

第四阶段：写。

"写"，顾名思义，就是写作，是输出的过程。专业阅读不能只停留在"读过了"，而是要读懂、读"薄"，并且应用到教学实践中。华罗庚在《学·思·锲而不舍》中写道："当我们对书的内容真正有了透彻的了解，抓住了全书的要点，掌握了全书的精神实质后，就会感到书本变薄了。愈是懂得透彻，就愈有薄的感觉。这是每个科学家都要经历的过程。这样，并不是学的知识变少了，而是把知识消化了。"对于教师而言，输出的过程就是把自己吸收消化的专业知识形成文字，并指导教学。费曼曾说："能够教导别人理解，就说明你自己真正掌握了此项知识。"显而易见，检验教师专业阅读效果的有效办法就是能否用简单朴素的语言把晦涩抽象的数学内容形成专业写作，使数学同行们也能听懂、看懂，并应用于教学实践，让学生也能受益。

第三阶段"问"强调精读细读，把书一页页读"厚"，反复阅读，并做批注和记笔记。事实上，一本专业书籍，从来都不是读一遍就可弃之一旁的，它需要反复阅读。就像大江健三郎所说的那样："如果你感到哪本书实在是一本好书的话，那么就请隔一段时间重新读一遍，而且每遍，都用不同颜色的彩笔画上线，在空白处记下阅读的杂感。这是一种有益的读书方法。"

我曾经把《新数学教育哲学》读了三遍，以为读懂了。可是，真的读懂了吗？在准备共同体读书分享会时，我又产生了许多新的困惑。例如第一部分介绍了什么是数学。下面的四个章节和"什么是数学"有什么关系呢？怎么样才能用简洁的语言将它们之间的关系概括出来呢？带着这些问题，我又重新翻阅前言，前言的标题是：开放的数学教育哲学研究。既然是"开放的"，那就说明没有定论，是在不断发展变化的。前言中写道："本书第一部分中关于数学观的论述，其主要目的就不是为'什么是数学'这一问题提供某种无可怀疑的最终目标。"既然是"哲学"研究，正如书中所说：哲学更应该被看作一种思维方式，它的主要功能是帮助人们更为深入地进行思考，特别是进行批判和反思，从而也就可以获得更为深入的认识。

通过反复阅读和思考，我逐渐厘清头绪。第一部分的四个章节中，第1章介绍数学的多样性：为什么相同的数学观，会有不同的定义方法呢？一是由于数学家们都从自己的角度观察数学；二是因为数学本身在发展，人们对数学的认识也在变化。第2~4章，作者主要从三个角度来进一步分析"什么是数学"：从数学的研究对象的角度来看，数学是模式的科学；从数学活动的角度来看，数学是一种创造性的活动，是"知识成分"和"观念成分"的复合体；从文化的角度来看，数学是一种文化，是整体性人类文化的一个重要组成部分。这样整理之后，第一部分的大框架就更清晰了，不仅自己理顺了，别人也能听懂了。这些都是"写"的功劳。从某种意义上讲，"厚薄读书法"与"望、闻、问、写"一脉相承。"望"和"闻"的阶段就是"先由厚到薄"，"问"的阶段就是"再由薄到厚"，"写"的阶段就是"又由厚到薄"。但是，最初的"薄"和经过专业写作后的"薄"已不相同，它们之间发生了实质性的变化。读书从来都应该是由薄到厚、由厚到薄的双向过程。因此，在日常阅读中，教师不仅要有意识地增加阅读的深度和广度，而且要多涉猎教育学、心理学和哲学方面的知识。阅读从来就不是一件容易的事，专业阅读就更是难上加难了。但是，如果读者找到适合自己的高效专业阅读方法，比如"厚薄读书法"，并且能坚持，日积月累，把阅读变成一种习惯，定能获得意想不到的效果。泰戈尔说："只有经历过地狱般的磨砺，才能练就创造天堂的力量；只有流过血的手指，才能弹出世间的绝响。"寓言故事《天路历程》中真理剑客说："我的剑传给能挥舞它的人！"让我们举起手中的专业阅读之"剑"，挥舞起来，朝着真理、未来方向快乐出发！

为了发动更多的教师加入专业阅读团队，我们在2020年做了一个动员计划，259位教师加入了共读群，105位教师参与了互动讨论，当年共分享读后感39万字，还有很多精美的思维导图。目前该群已有317人，我们的共读活动每年都在进行。

2020 年 "共读一本书" 动员阶段（7 月 1 日—9 日）安排

时间	方式	内容	动员人
7 月 1 日		发出邀请函。	周老师
7 月 2 日	（1）在中山初中数学教师群发信息； （2）在"中山初中数学教研共同体"公众号发布推文； （3）在微信朋友圈发信息； （4）在科组、熟悉的专业交流群发信息。	共同体"共读一本书"活动简介："中山初中数学教研共同体"（简称"共同体"）成立于 2015 年 3 月。共同体定期开展教研活动，为教师提升专业素养提供机会和平台。"每年共读一本专业书籍"是其中的一项主题活动，旨在通过专业阅读提升教师专业素养。2016 年共读的是波利亚的名著《怎样解题》，2017 年共读的是史宁中教授的《数学基本思想 18 讲》，2018 年共读的是张奠宙教授的《数学教育的"中国道路"》，2019 年共读的是郑毓信教授的《新数学教育哲学》。很多教师在共读活动中收获了提升与快乐！ 　　2020 年共读的是汪晓勤教授的《HPM：数学史与数学教育》。中山市第一中学宋海培老师在 2019 年的读书分享活动之推荐环节对本书作了简要的分享（分享视频较大无法发到微信群，可移步钉钉群观看），今年我们将一起更加全面而深入地研读，赶快加入我们吧！	赵桂枝
7 月 3 日		《HPM：数学史与数学教育》书籍简介："数学史与数学教育"是数学教育的一个研究领域，研究的课题包括：关于"为何"和"如何"的探讨、教育取向的数学史、历史相似性、数学史融入数学教学的实践、HPM 与教师专业发展、数学史融入数学教材等。本书全面展示了作者及其研究团队近十年以来在上述各课题上的研究成果。本书可作为职前和在职教师教育课程"数学史与数学教育"的教材，也可供数学教育研究者参考。 　　张奠宙教授在对本书的推荐中写道："打开汪晓勤教授的《HPM：数学史与数学教育》一书的电子稿，看完目录，读过几章，一种惊喜便油然而生。我在想，这部著作的出版，必将成为我国数学史全面融入数学教育的一个历史性标志。我国的数学史研究，也将由此翻开新的一页。"让我们一起来阅读这本书吧！相信我们在阅读中也能不断遇到惊喜！	宋海培

（续上表）

时间	方式	内容	动员人
7月4日	（1）在中山初中数学教师群发信息；（2）在"中山初中数学教研共同体"公众号发布推文；（3）在微信朋友圈发信息；（4）在科组、熟悉的专业交流群发信息。	如果学生问："有理数"为什么叫"有理数"？"几何"为什么叫"几何"？"函数"为什么叫"函数"？您如何回答呢？听听中山市华侨中学宋子红老师怎样说（公众号推文：你知道这些"为什么"吗？作者：宋子红）：专业阅读可以让我们知道更多的关于数学的"所以然"。2020年，欢迎大家扫码入群，让我们一起读书吧！要给学生一杯水，咱们要有一桶水，最好要有水源和蓄水能力，书本就是最好的水源之一。读而不记，用时无语。这和学生的学习是一样的，只看不想，只听不写，只能知道一个大概，若要真正归为己有，为己所用，纳入自己原有的知识体系，除了阅读，还需要更多的时间内化（理解）和输出（应用）。	赵桂枝
7月5日		一个人的阅读和一群人的阅读：一个人翻开厚厚的专业书，钻研字里行间深刻的道理，且不说读懂，坚持读完都不容易。 一群人，在不同的时间、不同的空间，研读同一本书，讨论同一个话题，我们交流的不仅仅是读书的体会，还有一种执着、一份深爱和一腔情怀！2019年共读郑毓信教授的《新数学教育哲学》时，我们通过网上问卷调查和访谈的方式了解到92.6%的教师对于《新数学教育哲学》感到读不懂，48.8%的教师觉得抽不出时间进行专业阅读。2019年9月11日—11月7日，我们在共同体内部开展了线上58天的共读活动，89人参与共读分享，占全体会员（包括预备会员）的95.7%，我们不仅按计划完成了共读任务，还共同写下了277530字的共读笔记（全书字数约458000）。 加入我们吧，相信共读一定会带给你不一样的阅读感受！	赵桂枝

（续上表）

时间	方式	内容	动员人
7月6日	（1）在中山初中数学教师群发信息； （2）在"中山初中数学教研共同体"公众号发布推文； （3）在微信朋友圈发信息； （4）在科组、熟悉的专业交流群发信息。	教师在专业素养阅读过程中要注意选择和精读。有良好阅读习惯的研究者必有所不为，保持对"一本书主义"的忠贞。唯有那些愿意花费时间和精力去读懂"某一本书"的人，才算是真正的读书人。专业素养阅读需要专一，一旦选择了重点阅读的文献，则应该以一心一意的姿态与这本书保持深度交流。有的人读书收获很多，有的人收获很少，其间的差距，主要在阅读的厚度上。厚度不同，往往影响到对教育问题的理解。"读书破万卷"，关键在于一个"破"字。读"破"，就是反复阅读，细心品味。读的次数多了，对内容理解会越来越深，学养也日益丰厚。朱楣梅老师由读《新数学教育哲学》想到专业素养阅读，值得大家借鉴（公众号推文，作者：朱楣梅）。	宋海培
7月7日		亲爱的大家：早上好！ 　　聪明的您一定已经发现了，这几天海培和我都在为"共读一本书"活动做宣传。 　　是的。无论是即将开始的共读活动，还是共读前的动员，都是有计划、有讨论、有分工、有准备的。这是共同体的风格，也是我们对待共读活动的态度。 　　想象一下，如果一所学校、一个镇区、一座城市，老师们在百忙之中都会抽时间捧书阅读，那是怎样的美好与美妙呀！ 　　所以，如果您是主管一方教育的领导，如果您是一所学校的科组长或备课组长，如果您是一位资深的长者，恳请您和教师们聊一聊我们的共读。或许，您的一句鼓励，可以点燃一个人，甚至是一群人捧书阅读的热情。 　　专业阅读促进专业思考。如中山市东凤二中欧志福老师在读郑毓信教授的《新数学教育哲学》之后，写下的这篇充满哲学味的《矛盾其实不矛盾》（公众号推文，作者：欧志福）。	赵桂枝

（续上表）

时间	方式	内容	动员人
7月8日		全国政协副主席朱永新老师写给教师一封关于阅读的信。	宋海培
7月9日	（1）在中山初中数学教师群发信息； （2）在"中山初中数学教研共同体"公众号发布推文； （3）在微信朋友圈发信息； （4）在科组、熟悉的专业交流群发信息。	亲爱的大家：早上好！ 　　2020年共读之旅即将启程，让我们准备好书、笔、笔记本、茶水、小吃、心情和时间，携手穿越古今，畅游书海，与先哲、智者、同仁来一场灵魂的对话吧！ 　　共读第一阶段：把书读薄 　　（1）全书共546页（含序言和前言），共9章，42节，每天读10页左右，约55天完成全书阅读； 　　（2）每节选定一名组员提炼要点，每章选定一名组员提炼要点，其他组员自由发挥； 　　（3）选定十名组员绘制全书的思维导图，其他组员自由发挥。 　　您可以报名领读（做共读分享的中心发言人），也可以参与讨论，也可以默默关注！关键要开心和享受阅读的过程！ 　　如果您还没有加入我们，快快扫码入群吧！	赵桂枝

邀请函
——我们一起读书吧

　　一个人的精神发育史就是他的阅读史，一个民族的精神境界取决于这个民族的阅读水平。

——摘自《改变，从阅读开始》

　　专业阅读是为了专业知识的学习研究所采用的一种阅读策略和阅读技能。如何通过专业阅读提升初中数学教师专业素养，是我们致力研究的问题。为提升中山市初中数学教师专业素养，中山初中数学教研共同体建立了专业阅读微信群，请有意者扫码入群。

2020，让我们一起读书吧！用数学历史文化知识充实自己，提高数学文化素养。

中山初中数学教研共同体

2020 年 7 月 1 日

附：

2020 年共读一本书计划

一、阅读书籍：汪晓勤《HPM：数学史与数学教育》

二、阅读方法："厚薄读书法"，即先由厚到薄，再由薄到厚，又由厚到薄。

华罗庚把读书过程归结为 "由薄到厚" 和 "由厚到薄" 两个阶段，他认为："当我们对书的内容真正有了透彻的了解，抓住了全书的要点，掌握了全书的精神实质后，就会感到书本变薄了。愈是懂得透彻，就愈有薄的感觉。" 如果在读书过程中，你对各章节又作深入的探讨，在每页上添加注解，补充参考资料，这样书又会愈读愈厚。因此，读书就是由厚到薄，又由薄到厚的双向过程。

三、阅读过程：

第一阶段：由厚到薄，2020 年 7 月 10 日— 9 月 10 日

1. 全书共 546 页（含序言和前言），共 9 章，42 节，每天读 10 页左右，约 55 天完成全书阅读；

2. 每节选定一名组员提炼要点，每章选定一名组员提炼要点，其他组员自由发挥；

3. 选定十名组员绘制全书的思维导图，其他组员自由发挥。

第二阶段：由薄到厚，2020 年 9 月 11 日—11 月 11 日

1. 对难以理解的部分查阅相关资料、组内探讨；

2. 延伸阅读：①《数学史与初中数学教学理论、实践与案例》；②与数学史有关的论文；

3. 尝试将阅读所得用于教学实践。

第三阶段：由薄到厚，2020 年 11 月 12 日—12 月 31 日

1. 结合个人阅读经历总结专业阅读方法；

2. 结合个人教学实践撰写读后感；

3. 结合个人教研经验撰写论文。

第四阶段：读书分享，2020 年 12 月

1. 开展基于 HPM 视角下的研讨交流课；

2. 举办线上读书沙龙；

3. 参加"中山初中数学教研共同体"读书分享会。

第二节 我的读后感

一、阅读是一种追随

前两天在一篇文章里看到这样一句话："某种程度上，阅读与其说是一种学习，不如说是一种追随。"我在这句话上停留良久，思考着我的阅读，寻找我在阅读中的"追随"。

在专业成长的过程中，某个具有重要意义的转折点常常是因受一件事、一个人或一本书的启发。我在阅读中的追随，追随的是我认同的作者的教学理念和为人处世的态度。如《不抱怨的世界》让我用不同的眼光去看待身边发生的事，提高解决问题的行动力，并提升自己的幸福感。《精要主义》让我在众多的工作中有条不紊地选择从重要的事情着手，让我懂得"少而精"的可贵和重要，舍得权衡和放下。《数学教育的"中国道路"》，让读者走近中国数学教育的发展史，从更高的格局看待数学教学，读完此书，我油然升起一股实实在在的自豪感和责任感。

追随一种教学理念

"数学是好玩的，数学是有用的"这样的数学教学理念从何小亚教授的讲座和评课中总能生动、自然地体现出来，因对这一教学理念的认同，我重读《数学学与教的心理学》《中学数学教学设计》。第一次听李庾南老师讲单元教学法，就对这一方法产生了浓厚的兴趣，于是开始读《自学·议论·引导教学论》，边阅读边联系自己的教学进行反思。聆听章建跃博士的较为系统的报告《数学核心素养统领下的数学教学变革》，章博士主张的三个理解和"数学的整体性、思维的系统性逻辑性、注重单元教学"与我的教学追求非常一致，之前一直犹豫是否阅读的《章建跃数学教育随想录》，马上列入暑假阅读书目。

追随一种教育情怀

很多年前订了《中学数学教学参考》，可惜没有认真阅读。前年整理书柜，随手翻开一本，卷首语《最小的"官"，最高的艺术——学科组长的使命》一下子吸引了我的注意，怎么有这么好的文章？再翻一本，《数学教学是圆梦之旅》，又是好文，看一下作者，都是裴光亚老师。原来《中学数学教学参考》里藏着这么多好文章，裴光亚老师通过《中学数学教学参考》向一线教师展示了自己独特的教学理念和情怀，以及对中学数学教育教学实践和改革的深切思考。同样的，苏霍姆林斯基的《给教师的建议》让我看到一个对真理执着追求、对孩子真诚热爱的教育家，我如饥似渴地阅读第二遍、第三遍，并购买《育人三部曲》继续学习。

追随一种内心需求

阅读《好妈妈胜过好老师》，是因为我想做一个好妈妈；阅读《正面管教》，是因为我想用积极的方式去教育我的孩子和学生；阅读《深度思考》，因为我在这碎片化时代感觉到了专注思考的难度和可贵之处；阅读《叩问课堂》，源于我想为自己的发展瓶颈找到突破口；阅读《课堂观察》，因为我也想做个专业的听评课者；阅读《中小学教师课题研究指导》，是因为我想学习如何去深入的研究问题；阅读《义务教育数学课程标准》，是因为我想领会课标精神，让学生更好地学习数学、学会数学、会学数学；阅读小学六年的数学教材，源于我对中小学数学知识的衔接的思考……

阅读是一种追随，追随智慧的思考、积极的行动、美好的状态。追寻内心的需求，追寻一种自发的改变和灵魂深处的充实。

二、暑期阅读

这个暑假，我除了休息就是阅读。通过阅读、思考，我发现以往觉得很有效的一些做法，似乎并不十分科学。于是写下此文。

阅读中印象最深的一本书是美国简·尼尔森的《正面管教》。读这本书之前，我正在思考两个问题：惩罚在班级管理中的有效性和如何科学有效地使用惩罚。因为惩罚的效果太立竿见影了。举个例子：自习课很吵，我走进班级轻声地说："请同学们安静。"结果没人理我。我放大一点声音，但依然温和地说："请同学们安静做作业，给自己也给别人创造一个好的自习环境。"依然没什么效果。于是我板起脸孔，略带恐吓地说："谁再说话我就点名了。"结果好了几分钟，嗡嗡的声音又开始了。于是我忍无可忍，严厉地吼道："我从现在开始计时，嗡嗡声持续多久，晚休就延迟多久结束。"班里顿时安静下来，一直保持到下课。我心中很是得意。

　　然而《正面管教》告诉我：不良行为虽然一遭到惩罚就会立即停止，但不久就会再次出现，而且会一而再、再而三地出现。惩罚会带来愤恨、报复、反叛和退缩等后遗症，使得有些孩子认定自己无能或者自己是坏蛋；有些孩子因为害怕做得不够完美而受到羞辱，从而决定不再冒风险；而更多的孩子决定变成"讨好者"，以他们的自尊为惨重代价去取悦大人；还有一些孩子会决定掩盖自己的错误，并想尽办法避免被抓到。

　　对照我遇到的孩子们，确实不乏以上四种现象。而最后一条正好解答了我三年前的疑问。记得我上一届学生在初一的时候，我管得很严，学生扣分，必追查处理到底，起初效果很好，但后来就经常出现查不出结果的情况。如：因某人的鞋子没有摆好扣分，鞋子的主人说摆好了才出去的，值日生说检查时是摆好的，但是回去看，鞋子确实是乱的，无人认账。再如：垃圾没倒，值日生说临走时倒了，垃圾筐里的垃圾是后来扔的，宿舍里却没有一个人承认扔过垃圾。我感觉自己就像个侦破能力很差的警察，每天都要花一定的时间和精力去断案，让我心中充满困惑。

　　《正面管教》提到矫正错误的三个步骤：承认（错误）、和好（道歉）、解决（让我们一起来解决问题）。后来，我调整了做法，当学生再次出现扣分情况，我首先消化掉自己心中的埋怨情绪，抱着解决问题的态度和他们一起分析和想办法。多用信任，尽量避免使用惩罚。我很快就看到了效果：有一个男生宿舍因内务扣了一分。室长是这样处理的：因为他监督不到位，所以他和值日生共同承担。值日生写了一份说明，承诺他做一天值日。以往垃圾筐里只见零食袋，没有人承认自己吃零食，可是前段时间，有一个学生主动跑来告诉我，说自己曾经带过零食到课室。

　　《正面管教》告诉我：和善坚定意味着尊重孩子、尊重自己、尊重事实。我们言行背后的真实感觉比我们做了什么或说了什么更重要。我们说话的语气往往能准确地表达我们言语背后的感觉。过去的我，坚定有余，和善不足。现在的我要时刻提醒自己：和善与坚定并行。

　　我将这本书和另外一本名为《如何说孩子才会听，怎么听孩子才肯说》的书推荐给我的学生家长，有些家长认真阅读后与我交流，都感觉受益匪浅。

　　《如何说孩子才会听，怎么听孩子才肯说》这本书的理念和《正面管教》有相通和相似之处。我读完《正面管教》再读这本书时，更加深了对《正面管教》的理解。

　　此外，我还读了王晓春的《做一个专业的班主任》。作者将班主任分成九种类型：班妈型、班官型、鼓动家型、领袖型、导师型、科学家型、"维持会长"型、"寨主"型、"书生"型。我自评过去属于班妈加班官型,我的目标是成为导师型的班主任。

檀传宝在《德育原理》一书中指出:价值澄清理论关注的是价值观教育,是帮助学生澄清他们自己的价值观而非将教师认可的价值观传授给学生。这一理论虽对我来说很新鲜,但我觉得很有道理。生活随时空的不同而不同,我们无法确知某个人会有怎样的经验。因而我们不能确定什么样的价值观、什么样的生活方式最适合某人。作为成年人,我们应帮助学生形成他们自己的价值观,也就是教会学生价值澄清的过程。

这个暑假对我来说是非常特别的一个暑假。用沉浸在书海中来形容自己,丝毫不过分。当时我哥哥9岁的女儿来中山度假,加上我丈夫哥哥14岁的儿子和我自己的孩子,共三个孩子生活在一起,我一边阅读,一边思考,还一边在他们身上实践,感觉其乐无穷。

原来我总觉得工作很忙,没时间看书,开学后,我发现鲁迅先生说的一句话真是精辟:"时间就像海绵里的水,只要愿挤,总还是有的。"我用等小孩放学的时间看完了《窗边的小豆豆》《青少年的6堂心理课》两本书,国庆假期我用陪小孩写作业的时间看完了《魅力班会课》和《优秀班集体的建设与维护》两本书,现在我正在看《第56号教室的奇迹》,感受作者对教育事业的疯狂热爱,对教育方法的执着追求,对别人孩子的忘我奉献。

西汉刘向曾说过这样一句话:"书犹药也,善读之可以医愚。"立个决心:把阅读进行到底!

三、读《教师的秘密书架》有感

我下决心写读书笔记是因为《教师的秘密书架》中的一段文字:多年下来,窦桂梅记下了200多万字的读书笔记,500多万字的文摘卡片,100余万字的教学后记。在她看来,写读书笔记既丰富了她的语言,增强了她的语感,也使她获得了一种终身受用的精神成长的力量,更重要的是从中练就了提取和整合信息的能力。她说,当我们把教的、读的、感悟到的记下来时,就会发现,那些方块字达成了语文专业素养的提升,化成了教学的结晶和印记。

我的阅读多以消遣为目的,我习惯将自己喜欢的字句段落画上下划线,但很少做笔记,基本上不写读后感。我常常在读完一本书后产生一些难以名状的感触,这种感触随着下一本书的影响,随着时间的冲洗,会越来越淡,到最后只觉得某某书写得好，至于为什么好，竟说不出一二来。窦桂梅关于读书笔记的观点和做法触动了我。我决定尝试写一写。写得好不好不重要，是否能坚持也不重要，重要的是敢于开始。

同一个时间段，我一般会准备三本书，一本放在床前，早晚读；一本放在桌边，精神最好的时候读；一本装在包里，用边角料的时间阅读。《教师的秘密书架》是我的"第三本书"，是一本可以带给我宁静和笃定的书。动笔之前我已经详细地阅读了书中的每一个故事，可是想要写点什么的时候才发现头脑一片空白。于是开始了第二遍阅读。

这本书的主题是与书为伴，全书分四章：与书为伴，终身学习；与书为伴，专业发展；与书为伴，教导学生；与书为伴，润泽生命。书中讲述了49位在教育界取得突出成就的教育者通过阅读提升自我、获得成功的故事，并在每个故事后面简单介绍了几本故事主人公推荐的书。因此这不是一本书，更像一个书架，通过这本书可以了解更多的好书。如果将名师推荐的书和文章中提到的书都买下来，一定可以摆满一个不小的书架。产生这个想法后，我突然觉得如果能够将它实现，应该也是一件让人振奋的事情吧。我并没有因为这个想法即刻下单去购买，相比之下，王立华的购书态度就比我多了一份疯狂和执着。他工作十年，单购买专业书籍就用了八九万元，差不多是工资总收入的一半。如此爱书，难怪他能够著书4本，发表论文百万余字！

我曾经很想用一种比喻来抒发我的阅读的情感。孙汉洲在第239页写出了我的心声："书是森林，可以栖息疲惫的心灵；是甘露，可以滋润龟裂的心田；是良药，可以医治心头的创痛；是隔音室，可以屏蔽尘世的喧嚣；是砖瓦，可以构筑知识与人格的大厦。"

我的"第三本书"对我具有愉悦身心的功能。我在疲惫的时候、郁闷的时候、无聊的时候，拿起来品一品，好像在密林里吸了一大口负离子一样神清气爽。

我曾经十分羡慕那些写文章时可以洋洋洒洒、旁征博引的人，而我想要引用读过的某个观点或某个描写时，总因为记得不清而没有底气。书中第160页严寅贤的一段文字帮我解决了这个问题：读得多，忘得快。怎么办？好办。一是边读边作批注点评；二是在一些有价值的书的扉页前后增添若干张白纸，我戏称为"图书增肥工程"。凡读到重要或精彩之处，立刻在新增的白页上记下来，同时注明所记内容在书中的页码。这样一来，既便于温故知新，又利于写文章时随时且准确引用，还可以加深阅读记忆。

6月27日，张万梅老师在她的讲座中曾展示她在书上边读边做的记录和贴在书尾的读书笔记。张老师近几年在论文写作方面成绩十分突出，原来聪明的人最聪明的地方是会选择聪明的方法并坚持做下去。

我曾经质疑教学和教研的关系。书中第 172 页邓彤对此提出了她的思考："基础教育之不同于高等教育：基础教育主要关注的不是学科知识，而是学习者自身。一位称职的教师，哪怕他的学术水平并不高，只要他善于激发学生、调动学生，使学生能在原有基础上不断进步，他就是一位优秀的教师！"对此我有一个比喻：基础教育阶段，教师不是探险家而是导游。探险家可以独自背着行囊深入最幽深崎岖处探幽访胜，可以以自己达到的高度为自己最大的成功；导游则以他所服务的游客的收获为最大的成功，如果一位导游忽然忘记了自己的职责，丢下自己的游客独自前行（也许还会带上几位同好的游客）是否有渎职之嫌呢？对于这类导游，我们建议他们改行，以免耽误我们的游客；对于类似于这类导游的教师，我们建议他们到研究所去安心做他们的纯学术，以免误人子弟！

邓老师的比喻略显犀利，不过我确实也认为：教研一定要在教学的基础上进行，教研的第一功能是服务教学，第二功能才是提升教师的专业素养。第二功能不必强求，因为在实现第一功能的同时，第二个功能会自然实现的。

写到这里，我想到了在 2024 年 1 月举行的共同体读书分享中刑海秋老师关于这本书的分享。我特别欣赏她读书心得的最后一段："阅读的厚度提升教育的高度；阅读的厚度决定教学的宽度；阅读的厚度决定专业的发展。"不论从文章的语言结构还是从对这本书的理解深度来看，她那篇都比我这篇写得好。

四、前言——打开数学专业书籍的钥匙——读《新数学教育哲学》有感

前言是写在书籍或文章前面的文字。书籍中的前言，刊于正文前，主要说明该书的基本内容、编著（译）意图、成书过程、学术价值及著（译）者的介绍等。数学专业书籍因其专业性特点，阅读有一定难度，数学专业性越强，阅读难度越大。因此前言对数学专业书籍的阅读具有方法导引的作用。

在读《新数学教育哲学》之前，对于前言，我一般都是一掠而过，总觉得进入正文的阅读，才算阅读的真正开始。《新数学教育哲学》是我读的第一本和哲学有关的数学专业书籍，因为没有哲学阅读基础，所以这本书读得特别艰难。于是我带着求助的心态开始研读这本书的前言，这也是我第一次仔细阅

读一本书的前言。

一读、再读、三读……直到第六遍，这才感觉把前言部分读通了。带着对前言的理解，以及通过阅读前言对作者写作意图的把握，再读正文，感觉通透了许多。前言，就像是一把钥匙，在我阅读《新数学教育哲学》的过程中，帮助我打开一扇扇阅读中的问题之门，导引我顺利完成全书阅读。

阅读问题 1：数学教育哲学是什么？

该书的名称是"新数学教育哲学"，然而数学教育哲学是什么？在正文中我没有找到相关概念的明确定义。

第 1 遍研读前言时，我在文中"数学教育哲学不应被等同于数学哲学在数学教育领域的具体应用"旁边写下了三个问题：

（1）数学教育哲学应该是什么？

（2）数学哲学是什么？

（3）数学哲学和数学教育哲学之间的关系是什么？

前言的启示：数学观、数学教育观与数学教学观。

前言中指出：《新数学教育哲学》和《数学教育哲学》有基本一致的理论架构，即对数学观、数学教育观、数学教学观都做出了较为系统和深入的分析论述。两本书体现了作者相同的理想，即希望数学教育哲学能为数学教育提供坚实的理论基础。

我的理解：

第 6 遍研读前言时，我形成了自己的观点。数学教育哲学研究的主要内容是数学观、数学教育观与数学教学观，这本书主要阐述的是这三种观念及其应用。要解决"数学教育哲学是什么"这一问题需要阅读更多相关书籍，暂时没有解决这一问题也并不影响自己对这本书的阅读。

阅读问题 2：为什么这本书叫"新数学教育哲学"，新在哪里？

《新数学教育哲学》共有四部分内容，分别是：什么是数学；数学教育目标与数学教育的性质；数学学习观与数学教学观；做具有哲学思维的数学教师。

在阅读的过程中，我没有读出新与旧的对比。

前言的启示：两本著作对比出写作深意。

2015 年华东师范大学出版社出版的《新数学教育哲学》是郑毓信教授在数学教育哲学方面的第三部著作。第一部是 2001 年出版的《数学教育哲学》，主要反映了作者建构数学教育哲学系统理论的具体努力。第二部是 2008 年出版的《数学教育哲学的理论与实践》，突出了数学教育哲学研究的实践性质。

第三部也就是这本书——2015 年出版的《新数学教育哲学》，和第一部著作相比，体现了作者在理论建设上取得的新的进展；和第二部著作相比，更强调理论建构与实践活动的相互促进。

前言对《新数学教育哲学》和《数学教育哲学》进行了更为详尽的对比分析。

《新数学教育哲学》并非先前工作的简单重复，或只是作了少量的增补和调整。而是集中地反映了作者关于"什么是数学教育哲学的主要功能"，以及"我们应当如何去从事数学教育哲学研究"的新的思考。所以这本书取名为"新数学教育哲学"。

新在哪里呢？

前言中有说明：如果说《数学教育哲学》一书中关于数学教育目标与数学教育基本性质的分析具有较强的理论色彩，《新数学教育哲学》则更为明显地表现出对于数学教育现实情况的高度关注，特别是希望能将这方面的理论研究与新一轮数学课程改革紧密地联系起来，即从理论高度对过去十年的课改实践做出必要的总结与反思。《数学教育哲学》的特点是规范性和导向性，《新数学教育哲学》的特点是开放性。如前者突出强调观念的转变，即"由较为陈旧和落后的观念向更为先进和正确的观念的转变"，而后者则采取了更加开放的立场。与各种简单化的断言和片面性的认识相比较，作者更加倾向于清楚地指明问题的复杂性与观念的多样化，并希望以此为背景促进读者独立思考，而不是简单地提供直接的解答。所以前言部分的标题为"开放的数学教育哲学研究"。

我的理解：

这本书旨在介绍作者新的思考和新的观点，如果想要研究作者前后思想的变化，可以将《数学教育哲学》和《新数学教育哲学》两本著作对比阅读，如果只是想了解作者最新的思想和观点，则只需认真阅读《新数学教育哲学》即可。

阅读问题 3：作者的观点是什么？

研读前言之前，我觉得这本书好像总是在引用别人的观点，很少给出作者自己的明确的看法，所引用的观点有时候还是相互矛盾的，我花了大量的时间去理解每一种观点及其相互之间的关系，却百思不得其解。

如这本书的第一部分标题是"什么是数学"。第 1 章第 1 节中，为了说明数学观的多样性，作者列举了 38 种关于"什么是数学"的论述，并将这 38 种论述分成九类，没有添加任何主观色彩地呈现给读者：

（1）把数学归属于科学范围的论述有 6 种；

（2）强调数学研究对象的论述有 5 种；

（3）认为数学的主要特征是方法，从方法的角度进行论述的有 4 种；

（4）认为数学是一种发现的论述有 4 种，认为数学是一种发明的论述有 1 种；

（5）从逻辑与直觉的角度论述的有 5 种；

（6）从数学艺术特性进行论述的有 3 种；

（7）从数学的语言功能论述的有 3 种；

（8）从思维方式进行论述的有 5 种；

（9）从人类文化角度论述的有 2 种。

前言的启示：做具有哲学思维的数学教师。

前言中提到"做具有哲学思维的数学教师"是《新数学教育哲学》增加的一个部分。体现了作者对一线教师的殷切希望：希望广大数学教育工作者真正学会独立思考，包括不断提高自己的理论素养，并能逐步养成反思的习惯与一定的批判精神，从而将自己的工作做得更好，表现出更大的自觉性。

我的理解：

自己之所以觉得这本书晦涩难懂，是因为总是希望能够从书中的字里行间找到明确的观点或某个问题的正确解答，哲学的特殊性恰恰在于其不直接告诉人们应当如何去做，而是通过理论分析，特别是通过对存在问题的剖析和批判促使人们更为深入地进行思考，并最终通过独立思考获得新的、更为深入的认识。读这本书，不应该一味地想着寻找他人的观点，而应该去问自己的想法。再读第 1 章第 1 节，我写下了这样一段话："横看成岭侧成峰，数学家从不同的角度研究，得出关于'数学是什么'的不同观点，每种观点都有它的依据，但又都不全面。"

一切哲学都是教育学，任何学问，如果一直寻根溯源的话，最终都会从哲学这里找到源头。因此最高层次的阅读，必然是哲学阅读。《新数学教育哲学》是南京大学哲学系郑毓信教授继《数学教育哲学》之后十几年的思考和积累。不论是作者的哲学思维境界还是对数学本身的理解都是我远不能及的，所以在阅读中感到困难实属正常。相比于整本书的哲学思想和数学原理，前言因其陈述式的写作手法更接近大众读者的阅读水平。《新数学教育哲学》全书461 页，约 458 千字，不要说读懂，即便只是通读一遍也需要花数月时间。前言部分仅 7 页，我一天可以反复研读两三遍。所以阅读前言的难度要远远小于阅读全书的难度。我在阅读正文的过程中曾几度想要放弃，直到把着力点放到前言研读，在前言的导引下才找回继续阅读全文的信心和方法。

每一本书，都有一篇独属于自己的前言，包含作者写作的背景、动机以及该书的主要内容、结构等。前言对于一本书而言，像一张名片，是作者让读者快速了解这本书的途径。前言对于读者而言，似一把钥匙，读者可以从中探寻这本书的 "内部肌理"，找到解锁阅读障碍的密码，进而得出适合自己的阅读思考的方向和方法。

五、在《数轴》的教学中渗透数学思想——读《数学基本思想18讲》有感

数学思想，是指现实世界的空间形式和数量关系反映到人们的意识之中，经过思维活动而产生的结果。数学思想是对数学事实与理论经过概括后产生的本质认识。数学基本思想是数学产生和发展所必须依赖的那些思想，是学习过数学的人应当具有的基本思维特征。

《数学基本思想18讲》是史宁中教授浓缩近10年的深入思考，告诉读者什么是数学思想，什么是数学基本思想，数学学科核心素养的本质是抽象、推理和模型。

读这本书的时候，正在准备《数轴》概念课教学，于是便做了以下尝试：

(一) 借助道具，培养学生建立数学模型的意识

数学模型指根据特定的研究目的，采用形式化的数学语言，去抽象、概括地表征所研究对象的主要特征及其关系所形成的一种数学结构。在初中数学中，用字母、数字及其他数学符号建立起来的代数式、关系式、方程、函数、不等式，及各种图表、图形等都是数学模型。数轴是一种重要的数学模型，在数轴概念课教学中设计制作实物模型的环节，让学生经历从生活情境到实物模型再到数学模型的过程。

人教版七年级上册数学教材第7页给出一个问题：在一条东西向的马路上，有一个汽车站牌，汽车站牌东3m和7.5m处分别有一棵柳树和一棵杨树，汽车站牌西3m和4.8m处分别有一棵槐树和一根电线杆，试画图表示这一情境。依据这一问题，设计如下教学过程：

课前教师制作了马路、汽车站牌、柳树、杨树、槐树和电线杆的纸质实物模型，课上设计了一个 "摆一摆" 的活动，请学生将模型摆放在黑板上合适的位置。学生通过思考尝试发现：①第一步要先摆 "马路"，因为汽车站牌、

柳树、杨树、槐树和电线杆都在"马路"上（这一步为研究数轴时抽象出直线做准备）；②第二步最好摆放"汽车站牌"，因为汽车站牌对柳树、杨树、槐树和电线杆的位置具有参照的作用（这一步为研究数轴时确定原点做准备）；③柳树、杨树、槐树和电线杆的摆放顺序可自由选择，但摆放过程中会遇到方向和距离问题，此时需要规定方向和比例尺（这一步为研究数轴时规定正方向和单位长度做准备）。

数学模型对初一学生而言太抽象，纸质模型相对容易理解一些，当学生在黑板上摆放马路、汽车站牌、柳树、杨树、槐树和电线杆的过程，就是制作模型的过程，这一过程为下一环节建立数学模型奠定了重要的基础。

（二）循序渐进，揭开数学抽象的神秘面纱

从实物到道具的过程是一个数学抽象的过程，因为道具比较贴近学生的生活，学生很容易接受。教师乘胜追击，提出问题：有没有比这种方法更快捷的方法？即除了用道具来表示马路、汽车站牌、柳树、杨树、槐树和电线杆，还有没有更简便的方法？思维敏捷的学生和提前预习的学生都能想到画图。此时，教师给出下图，让学生体会画图比道具更简便。进而让学生思考还有没有更简便的方法。当学生说出数轴时，可能仅仅是知其然，并不知其所以然。教师带领学生一步步把汽车站牌、柳树、杨树、槐树和电线杆抽象成点，用箭头表示方向，用单位长度说明比例尺。在这个过程中，让学生感悟数学抽象带来的简便。

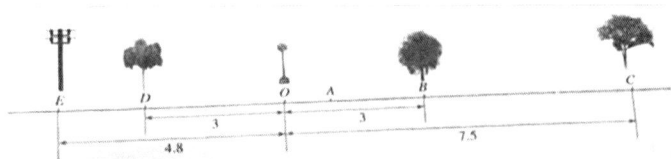

图1.2-1

数学是研究数量关系和空间形式的科学。从实物到纸质模型，再到图形，表达方式越来越简洁，数学关注的重点越来越突出，这个过程就是一个不断抽象的过程，体现了数学抽象的思想，这个过程同时也是建立数学模型的过程，体现数学模型的思想。数轴是学生在初中阶段建立的第一个数学模型，建立数轴模型的过程是渗透、提炼抽象思想和模型思想的最佳时机。

（三）在"读数"和"找点"中体会数形结合思想

数轴是数形结合思想的产物，学习数轴是把数和形统一起来的第一次尝试。数轴建立了直线上的点与实数的对应。在教学中，我们设计了"读数"和"找点"两个环节，即根据数轴上的点读数，根据数在数轴上找出对应的点。在数和点之间建立联系的过程中体会数形结合思想。

在这一环节中，如果是整数点或正数点，学生一般都能得出正确答案。当遇到负分数点，学生就容易出错。比如 $-3\frac{2}{5}$ 所对应的点是在 -2 和 -3 之间还是在 -3 和 -4 之间，是很多学生容易出错的地方。要解决这个问题，就需要学生正确理解"数的符号"和"数轴的方向"、"数的绝对值"和"表示数的点和原点之间的距离"之间的对应关系。虽然这涉及绝对值的知识，但就几何直观而言，在《数轴》这节课渗透是比较自然的，学生也是可以理解的。

数轴使数的概念和运算可以与位置、方向、距离等统一起来，使数的语言得到了几何解释，使数有了直观意义。这不仅有助于学生对数的概念的理解，而且对后续学习相反数、绝对值等概念也有着十分重要的意义。

数学源于生活、用于生活，数学的抽象也是为数学能够更好地为生活和数学本身的发展服务的。在学习的过程中，找到实际问题作为切入口，为学生搭建脚手架，循序渐进，是学生最终理解数学思想的关键。

六、改变，从深度思考开始——读《改变，从写作开始》有感

这些年，我读了不少专业书，写的读后感却寥寥无几。不是不想写，确实感到不会写。不会写之原因正如《改变，从写作开始》一书中作者所归纳的：①能想到的观点皆无新意；②能说出的感悟都觉肤浅；③没有此类文章的写作章法。该书第 27 讲主题是读后感的写作技巧，关于如何写读后感，作者给出三点建议：①立意要以人的价值实现为核心；②视角要由作品出发，走向生活与文化；③结构上以"引—议—联—结"为主，自由表达为辅。我如获珍宝，反复咀嚼，但提笔想写时，仍不知如何下手。直到有一天，我突然产生依照作者的三点建议尝试写一写的想法，于是便有了以下文字：

立意，在递进式思考中悟人之未悟。

作者提出读后感的写作重心不在于作品本身的价值分析，而是以作品的阅读或观赏为契机，从作品带来的诸多触动中精选一个最具探究价值的内容，用

以作为现实生活的观照物，多角度思考探究现实问题。比如其从《士兵突击》中收获的教育主张："所谓教育，就是在适当的时间，用适当的方式，为适当的对象提供适当的平台，促使其不断习得他人的智慧经验，同时不断丰富自己的智慧经验，不断完善自身人格心理的一种行为。"作者认为能够从《士兵突击》中发现教育问题的教师不会少，但是能够想到分析"史今式"的关爱和"袁朗式"的严苛中的教育层进关系的不多，这是其立意新颖之价值所在。

我将阅读《改变，从写作开始》的感触一一列出，诸如：记录思考亮点、坚持写教学随笔、耐心修改旧文等，但这些似乎都十分肤浅且没有新意。经过进一步思考，我写下"读而不用则失，用而不思则困"12 个字，觉得这已经可以代表自己的最高提炼水平了，然而继续往深处思考，我的想法改变了。这本书共 30 讲，介绍了教育叙事、教学叙事、教育案例分析、教学案例分析、教学反思、教学论文、教育论文、教育随笔、读后感、教育书评、教育专著十一种教育写作类型的写作技巧、注意事项和框架建构等，表面上看好像是一本工具书，如果仅从文字表层思考，可能更多的收获在于教育写作如何写的问题。然而文字是思想的表现形式，没有深度思考，再怎么套用作者提供的写作技巧，也很难写出有价值的文章。当我进一步思考书中字里行间蕴含的深层次意义时，我写下了也许从结构上并不新颖但能够体现我思想上的一次突破的文字组合："教思并举，读写同行。"而当多日以后，我开始撰写此文时，定的题目却是："改变，从深度思考开始。"

此悟，至少经历了四次递进式思考。从关注个人体会到关注作者对于教育的思考以及形成极具个性又耐人寻味的观点，在不断自我推翻又重新再来的思考过程中加深对该书的认识、对作者的理解。

视角，在拓展式思考中见人之未见。

书中第 185 页，作者提到之所以有大量的文章能够受到编辑的青睐，与自己思考问题具有独特视角不无关联。作者在书中引用了自己的一篇文章《"孔子学琴"与"教师专业阅读"》，我十分好奇如何把孔子学琴和教师专业阅读联系在一起，百思不得其解，找到原文细品，恍然大悟。《史记·孔子世家》中记载的孔子学琴的故事大致如下：

孔子向师襄子学弹琴，学了一段时间，师襄子说："如今您已学会弹琴了，可以弹另一首曲子了。"孔子说："我还没有掌握弹琴的技法。"过了一段时间，师襄子说："您已经掌握了弹琴的技法了，可以弹另一首曲子了。"孔子说："我还没有掌握乐曲的旨趣。"又过了一段时间师襄子说："您已经掌握了乐曲的旨趣，可以弹另一首曲子了。"孔子说："我还没有弄清楚作者是一个怎样的人。"又过了一段时间，孔子陷入沉思，表现出志向高远的样子，眺望远方，说："我大体明白作者为人了。他面色较黑，身材高大，志向远广，使地方同归于一，除了周文王，谁还能作出这样的乐曲呢?"

将孔子学琴视作一种特殊形态的专业阅读，这一观察视角使作者能够"见人之未见"。从孔子与师襄子的对话中可以看到孔子与乐曲之间的对话、孔子与谱曲人之间的对话。看到孔子追求的是不断深入的对话，是对话中的不断发现，用这样的对话和发现，将阅读物表象意义与隐语意义一点点挖掘出来，直至最终抵达阅读物的内核。故而孔子学琴能"学"出谱曲人的相貌品行。而无论是孔子之发现周文王，还是本书作者刘祥老师之发现孔子学琴和教师专业阅读之间的关系，我以为都是深度思考的产物。

《改变，从写作开始》的内核并非各类文章的写作形式，而是作者的思考方式。该书的作者刘祥老师从教 18 年未曾发表只言片语，却在之后的 14 年里写了 500 万字，整理了 900 多篇文章和 10 部个人专著。相比于惊叹刘老师后 14 年发表的文字，我们也许更应关注的是其前 18 年的积累与沉淀以及其对教育教学的深度思考。而我们读这本书也应该像作者读"孔子学琴"一样，拓宽思维视角，透过文字表层，深入其里，探寻作者对待教育教学和专业写作的态度。

结构，在关联式思考中言人之未言。

读后感最常见的结构形式为"引—议—联—结"。"引"即概述作品中的相关内容，引出将要分析议论的论题或论点;"议"是针对概述内容做事理分析，从个别现象挖掘普遍性道理;"联"是运用"议"中提炼出的见解和主张，剖析现实生活中存在的各种问题;"结"是全文的收拢，强化核心观点。其中最重要的是"联"，"联"是"感"的血肉，有了它，作品才得以内容充实、事理明晰、感悟深刻。

回顾加入共同体的六年，或组织或参与，或主讲或聆听，或接受他人指导或为别人提供帮助，无一不似孔子学琴，无一不可比拟为一种特殊形态的专业阅读，无一不是提升个人深度思考能力的机会。以 2020 年为例，疫情停课期间，共同体开展线上微课制作，在集体备课过程中一次次斟酌教学设计，一次次修改教学课件，一次次推敲教学语言，参与备课的每一位会员都经历了对微课设计和制作的深度思考。年会活动从线下到线上，大家足不出户却能完成同唱一支歌、共吟一首诗的节目编排，体现出年会项目组和每一个共进组对这项活动的深度思考。共读分享由自由式到座谈式，再到结合教学实践的视频展示式，一方面体现了理事团队对于创新活动的深度思考，另一方面也体现了会员们在阅读过程中的深度思考。

当深度思考成为一种自觉行为，它在我们的生活中几乎可以无处不在。前些日子和万梅聊天，说起她所带的班级在学校运动会开幕式中的出场表演得了第一名。我问："你觉得你们班赢得评分的关键是什么呢？"万梅笑答："我认为运动会入场式最重要的是列队和喊口号的精气神，所以我们虽然排练时间少，道具也少，但是我们的队伍整齐，声音洪亮。"这让我想到了最近正在重温的《精要主义》，至深而后方能至简。比如生活，只有深入思考、深刻对比，才能去繁从简，选择最有意义的少数，投入最充沛的时间和精力做最高效的执行。万梅所带班的运动会入场式，至深的思考之后才能抓住至简的三个字：精气神。当深度思考成为一种习惯、一种日常，我们眼中的现象、笔下的文字、心中的教育，就有可能随时发生关联，形成智慧。万梅近些年高质量、高产量的论文写作，我想，也一定与其主动的、习惯性的深度思考密不可分。

该书第178页，作者云："只要是在进行真实的思考，是在为中国教育的健康发展做最个性化的诊疗，则引发触动的一切教育现象，以及由此而生成的各种分析、探究甚至批判，就都值得用文字呈现出来，都有独特的价值。多做由此及彼的拓展延伸，才能思考出深度，才能在看似随意的表述中解析出问题的本质。"

改变，从写作开始；写作，从深度思考开始；故而改变，从深度思考开始。深度思考是专业写作的重要前提，是专业发展的必要途径，更是教育教学最根本的需求。

七、读文图，促思维——读《班主任工作思维导图》有感

艰难地读完黑格尔的《小逻辑》之后来读《班主任工作思维导图》，感到格外轻松。每一个字、每一个词都是我所熟悉的，每一个句子、每一段话我都能够很轻松地理解，这让我有更多的心情去思考我应该从这些我以为我都理解的字句中收获些什么。

《小逻辑》跳出来告诉我：思维。

"班主任工作思维导图"由四个词组成：班主任、工作、思维、导图。乍一听，关键词似乎应该是"导图"，班主任工作的思维的"导图"。然而我并不这样理解，我以为关键词是"思维"，班主任工作是思维的载体，导图只是

思维的形式。

正如作者在自序中所说："思维导图的关键是'思维'而不是'图'。图画与不画，思维就在那里。想清楚这一点，才能想清楚这本书应该读什么、怎样读和怎样用。"

有形的文字和文字所表现的无形的思想、观念是每一本书的标配。除此之外，《班主任工作思维导图》与众不同之处在于它包含了 165 幅班级管理方面的思维导图。所以这本书至少有三处可读：文、图、思想。

文词华丽但没有思想的书不可能成为经典，空有思想但语句不通，应该也很难成书。《班主任工作思维导图》的文笔走的是朴素风，几乎没有多余的修饰，言简意赅，我认为很好。文中所体现的以人为本的育人观、扁平化的管理模式、发散联想的思维方式和绘制 165 幅思维导图的耐力更让我暗自叹服。

文和图的阅读是容易的。我用了 4 天，共 181 分钟读完书中包括导图在内的文字，平均每页阅读时间约 1 分钟，却用了 255 分钟来写这篇 2000 余字的读后感。写读后感是参悟作者思想、梳理自己思维的过程。由此可见，读懂作者的思想较读完文字更难。

读这本书是在全国人民与新型冠状病毒作战的时期，我正准备开展"停课不停学"线上辅导学习工作，利用书中的感悟我试着将要做的事和要解决的问题进行分层剖析，用思维导图进行梳理。

我从作者对每一张思维导图的解释中概括出其思维模式，如下图所示，即4 个模块：①需要发现能力，②需要发散思维，③需要逻辑思维，④需要分类思想。如此看来这与我的学科教学也是可以建立联系的，发现能力、发散思维、逻辑思维和分类思想在数学学习中都是极其重要的。

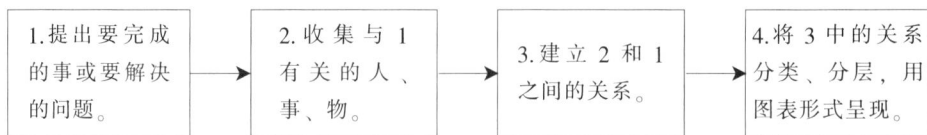

| 1.提出要完成的事或要解决的问题。 | → | 2.收集与 1 有关的人、事、物。 | → | 3.建立 2 和 1 之间的关系。 | → | 4.将 3 中的关系分类、分层，用图表形式呈现。 |

我定下要完成的事：开展初二年级"停课不停学"线上辅导学习工作。

我穷尽想象力，找出了与这件事有关的人、事、物：学生、家长、班主任、备课组组长、班级科任教师、网络平台工作人员、学校主管教学的领导、可以交流的同行；国家、广东省和中山市关于停课不停学的政策、要求；微信、钉钉、QQ、全通教育等网络平台；网络资源（教材、视频、微课）、电脑、手机、居家人文环境；教师、学生、家长的信息素养。

首先研究政策。研究政策不仅仅因为它是政策，更因为出台政策的不是某一个人，而是某个部门，集体的智慧在一般情况下大于个人的智慧。除此之外，还因为政策是公开的，是受社会各界关注的，是在学生、家长、教师以及所有关心教育的人的关注下形成的决定，应该会比一个人闭关独思出来的东西更具合理性。研究政策后我粗浅认识到在线指导学习的两要、两不要：要引导学生自主学习，要引导学生关心社会、全面发展，不要增加学习压力，不要增加思想负担。怀揣这一想法，我确定了在线辅导学习的思路：年级出建议、学生定计划、教师在线指导、学生自主安排、家长配合引导。

其次制订方案。"凡事预则立，不预则废"出自《礼记·中庸》，意思是：不论做什么事，事先有准备，就能成功，不然就会失败。在全国战疫的大背景下开展线上学习，更要考虑周全，不给国家添乱，不给家长添堵，不给学生添负，也不能给教师增添太多烦恼。因此制订方案要充分考虑学生、家长和教师的实际情况，不仅关注可行性，更要追求易行性和实效性。

再次着手准备。班主任需要了解学生在家学习的情况，如果学生在家已经制订并开始实施个人学习计划，要和学生做好沟通，告知年级的安排，尊重学生的选择，消除学生的后顾之忧，不给学生增加学习和思想负担。没有制订个人学习计划的学生要调整心态，在家长和教师的指导下制订计划，做好线上学习的各项准备。备课组同样要根据学科特点制订计划，确定辅导内容和方式，组织教师学习网络平台操作方法。

最后开始实施。实施过程难免会遇到一些问题，如学习群信息量太大，造成阅读负担；有些学生怕提出的问题过于简单，不好意思在群里提问；打字速度拖慢了答疑节奏等。要提升线上辅导答疑效果，首先要了解学情，建立反馈渠道就显得尤为重要，"问卷星"是一个比较好的调查工具，优点是容易统计数据，可以全面了解学生情况，缺点是没有互动，缺少对个体的人文关怀。所以我们采用"问卷星"、互动平台和私信电访三种形式相结合，力争更加准确地把握学生学情，反思原定方案的优缺点，扬长补短，动态调整改进。

以下是我制作的思维导图：

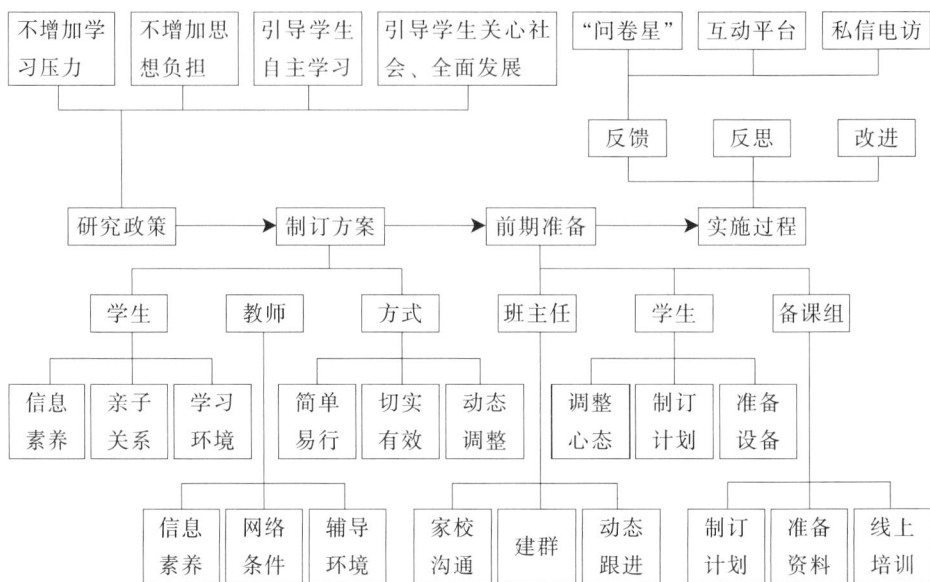

初二年级"停课不停学"线上辅导学习工作流程

思维导图对我来说并不陌生，每完成一章内容的教学，我都会鼓励学生绘制思维导图。读这本书之前，我从来没有想过把这种方式用在自己要做的事或要解决的问题中，由此可见，我的迁移能力还有待加强。

读一本书，增加一点聪明，挺好的！

八、教育无捷径，育心且用心——读《第56号教室的奇迹》有感

初读《第56号教室的奇迹》，我就为雷夫老师对教育事业的疯狂热爱、对教育方法的执着追求、对别人孩子的忘我奉献而感动。因初中部要求每位教师撰写一篇关于教育思想反思的文章，所以利用寒假，我再次捧起这本书，一边研读，一边对照自己以往的做法，进一步思考，受益颇深。现将感悟整理如下：

不断追求方能达到卓越。

雷夫老师在书中指出他的教育就是追求劳伦斯·科尔伯格"道德发展六阶段"中第六阶段的过程。仔细品味"六阶段"，竟找到许多"熟悉"的

感觉。

第一阶段：我不想惹麻烦。文中指出这一阶段的思维是以恐惧为基础，而我们要学生有良好行为表现的最终目的，是让他们相信这么做是对的，不是因为害怕惩罚才去做。

反思：制定惩罚措施，让学生因为害怕而遵守纪律，这是教师常用的"有效"方法。记得我刚参加工作那年，任教于一所由两间学校合并而成的中学，学生素质较低。当时在教师群体里流行一句话："赢课堂纪律者赢教学成绩。"有许多热心的前辈，包括部分善良的学生都提醒我：一定要"开好头"。更有"成功人士"教给我一个绝招，即前两个星期面对学生不要有笑脸，这样那些淘气的学生因摸不清老师的脾气就不敢轻举妄动。我一一照做，效果显著。这也为我后来在班级管理中喜欢用惩罚来解决问题埋下伏笔。然而后来我心痛地发现孩子们因为怕我，因为怕被处罚而不惜放弃更重要的品质：诚信。在后来的班级管理中，我依然很关注孩子们的常规管理，只是一改以往的"严处"，采用就事论事、以信任为基础、共同想办法的态度。学生不仅扣分不多，而且偶有扣分都会有人主动站出来承担责任。我在实践中体验到："惩罚不是万能的，更不是最好的。"

第二阶段：我想要奖赏。文中指出任何形式的奖赏都可能会冲淡正确行为本身带给学生的愉悦感觉。

反思：我并不赞成用奖励物质的方式去激励学生遵守纪律或积极学习。但在我的教育中时常也会用到评选优秀学生、三好学生之类的语言。试想并不是每个孩子都能够被评为"三好学生"之类的，而评优也不是我们教育的最终目的。那么无论是学习还是遵守纪律抑或是帮助同学，我们应该关注的是行为本身而不是之后可能带来的荣誉和肯定。

第三阶段：我想取悦某人。文中提到：孩子们的取悦会让老师自我膨胀，这种感觉很好，但是我们还可以做得更好。

反思：上文提到吸取过往的经验教训，我的管理更加人性化，我更加关注与孩子建立良好的师生关系，也收到了很好的效果，特别是在我长时间外出学习时，孩子们依然表现得很好，令我很是欣慰。更有许多孩子知道我喜欢"满分"，在大型考试中考到119、118、117分的孩子甚至会来向我说"对不起"。在阅读第三阶段的教育之前，我以为我找到了正确的方法，我是开心的，孩子们也是开心的，数据显示效果也不错。然而现在想来这仍然剥夺了孩子对事物本身的关注。

第四阶段：我要遵守规则。文中提到：好一点的老师会花时间解释制定某

些规则的 "理由"，也有不少富有创意的老师会带着学生一起参与班级规范的设计。

反思：读到这里，我心有窃喜。自评自己应属于 "好一点" 和 "有创意" 的老师。我曾经在制定 "班级公约" 上花费了大量的时间，我会向学生解释为什么出门一定要锁柜子，关门、窗、水、电。我不再将以往的做法直接 "引用"，而是让他们自己来制定适合自己的、大家认同的班规，这样做效果确实很好。雷夫老师也说："能达到第四阶段是件好事，但我们必须更加努力，更上一层楼。"

第五阶段：我能体贴别人。这阶段的思维是：你永远无法真正了解一个人，除非你能从对方的角度来看待事物……除非你能进入他的身体，用他的身体行走。

反思：我觉得这与我常用的 "换位思考" 有相似之处。不同的是我多是在发生不愉快的事情后，建议问题双方进行换位思考。而在这里，我理解的体贴别人应渗透于生活中的点点滴滴，是一种品质，也是一种习惯。我自知我和我的学生都尚未完全做到。雷夫老师即使做到了，也并没有停止。正如他文中所说："虽说没有什么事情比遇上一个达到第五阶段的孩子更让我开心的，但我还是想要我的学生更上一层楼。"

第六阶段：我有自己的行为准则并奉行不悖。文中用几个例子生动地解释了关于这一阶段的思维。如：菲尼亚斯是一位卓越的运动员，某次在吉恩的见证下，他打破了学校游泳比赛的记录，吉恩想他在正式的计时人员和记者面前重游一次，菲尼亚斯婉拒了，并要求吉恩守口如瓶，因为他想破纪录，也办到了，这就够了。

反思：如果我们不能理解取悦他人有什么问题的话，对比第六阶段思维，我们便更容易理解当一个人有着自己坚定的信念时，他的行为才不会因外界环境而改变。如雷夫，他对工作的付出源于他对教育本身的热爱与执着，不是做给任何人看，也不为追求名和利，所以无论别人如何评价他，他都能坚守自己的信念。近两年，我发现自己也有些许变化。以往寒、暑假我很少阅读和教育教学有关的书籍，总觉得此类书籍缺乏 "趣味性"，达不到 "休闲" 的效果，而今，我已习惯阅读，并深感从别人的经验中汲取营养的愉悦。我想这可能是我本人走向 "第六阶段" 的开始吧。

教育无捷径，育心且用心。

从《第 56 号教室的奇迹》中我看到 "用心" 二字包含着两层意义：一是用实心，即对学生实心实意；二是用巧心，即教育方法独具匠心。

文中摘录：

一年 48 周、每周 6 天、每天将近 12 小时的时间里，我和第 56 号教室五年级学生们挤在一个非常狭小的空间里，尽情地享受莎士比亚、代数，以及摇滚乐带来的乐趣，并抽空带着他们四处旅行。我的妻子认为我太过执着，好友们却不留情面，说我是现代版的"唐吉诃德"，充满幻想的理想主义者，有人甚至直接说我"疯了"。

过去 20 多年来，第 56 号教室每天早上 6 点半便敞开大门。我在一片漆黑中到校，比正式上课时间早了整整一个小时，而迎接我的是一群热切等待学习的学生。

第 56 号教室的学生之所以被称为"霍伯特的小小莎士比亚们"是有原因的。每年，本班学生除了进行各项计划和学习，还会制作、演出一出完整的莎剧。为此，孩子们要付出前所未有的努力，而身为教师的我也必须牺牲数千小时的个人时间。

反思：

我曾经是个舍得在学生身上花时间的人，记得多年前我为了帮助几个愿意学习数学但基础薄弱的学生，每节课前坚持带他们学习新知所需要的预备知识，效果非常好，却引来诸多好心人的劝诫：别太傻。我认同了身边的一种思想：工作不是生活的全部。之后，我依然很认真地工作，只是将更多的心思用在课堂 40 分钟里，这也十分符合先进的教学理念："向 40 分钟要效率。"

然而教育不同于修一条路、建一座桥，有着确定的总工作量。如果雷夫老师仅仅是完成自己分内的工作，做出优秀的成绩也许并不难，但想要出现第 56 号教室般的奇迹，就着实不是件容易的事了。

我依然不主张"牺牲"式的付出。我认为那对自己不公平，对自己的家人不公平，即便对学生也是不公平的。因为倘若他们认同这种"牺牲"，那么随之而来就会有"愧疚"和"压力"。我想雷夫老师在付出的时候并没有觉得自己是在"牺牲"，从字里行间我读到的是：教育于雷夫，如吃饭，如睡觉，不可或缺且自然渗透于生活中的每个角落。无论是对学生，抑或是对自己的孩子，雷夫老师的心情都是一样的。

我突然对我曾经向往的"潇洒"生活提出疑问，即不在工作状态，不想工作烦事。而事实上我的很多比较好的想法都是在休假期间某个不经意的时候想到的。反思我之所以向往不在工作状态、不想工作烦事的生活，归根结底还是因为想起那些事，并不开心，更有几许压抑。我想，倘若仅仅去享受思考本身带来的乐趣，我可能就不会那么强烈地想把工作和生活分开了。

事实上，一味地付出时间也未必能够取得好的效果。在教育中，雷夫老师也有许多巧妙的心思值得我们借鉴和学习。

文中摘录：

我访问过不教学生看谱的音乐教室。他们"学"乐器，却从不了解自己在做什么，很多人甚至不知道怎么帮乐器调音。我反对这种教法。虽然组摇滚乐团的行为很疯狂，但一定有方法可循。我要学生成为终身的音乐演奏者，而不是为了在学校盛会上表演而受训的海豹。在第56号教室，学生通过音阶演奏学会看谱。不久后，他们就进步到可以演奏简单古典音乐的程度了。

每年的12月24日，"霍伯特的小小莎士比亚们"都会尽一己之力，为500名无家可归的人提供饮食、衣物和余兴节目。本班的"喂饱世界计划"教孩子们去看自己生活以外的世界，他们当中许多人也因此受到启发，自发地做起了社区服务。我不太愿意介绍这项计划，因为谈论善行是违反本班精神的。我经常在报纸上读到校方大肆宣扬社区服务的报道。依我之见，他们错失了一个让学生学习"低调的谦逊"的机会，而这种特质正是第56号教室的一部分。

反思：

学习雷夫精神并非要我们也去组建乐队或成立剧团。我以为更重要的是要学习雷夫老师的渗透精神。无论是阅读，还是音乐，雷夫老师的做法都是将他理解的"道德发展的第六阶段"无声地渗透进去，真正为学生终身发展而设计每一个教育细节。

读完《第56号教室的奇迹》，我感觉自己的内心充满力量。原本我对国外教育的理解就是开放式的，是教师可以坐在讲台上授课，学生可以一边嚼口香糖一边说话的教育。而今，眼前仿佛看到那位身处异国棕发碧眼的教育者和我们一样会挑灯夜读，只为准备一节更加精彩的数学课；会苦思冥想，只为给孩子一个自然有效的引导；会自我反省，只为追求一种更加卓越的境界。

九、论教师要有学生精神——读《陶行知教育名篇精选》有感

从事基础教育工作的23年，我一直在努力践行陶行知先生的教育观："千

教万教教人求真，千学万学学做真人。"2023 年 1 月，我有幸获得担任中山市名教师工作室主持人的资格。在确立工作室理念时，我想到明末清初思想家王夫之的一句话："德以好学为极，欲明人者必须先自明。"意思是人的道德凭借好学来完善。想要让别人清楚明了一件事，先要自己明白。于是我笃定地用键盘敲下八个字："育人自育，真人自真"。即作为一名教师，在教育学生的同时，自己也更加明晰事理，知行合一；在引领学生求真务实的过程中，自己也养成求真的品质。此后，我一直在思考"育人自育，真人自真"的实施路径。近日读周洪宇编的《陶行知教育名篇精选》，在其中一篇题为"学生的精神"的文章里，我仿佛找到了答案。文中将学生精神分为三点：

（1）学生求学须具有科学的精神。

对此我是完全赞同的。而且这一观点迁移至教师身上，也是完全适用的。

科学精神是指科学实现其社会文化职能的重要形式。集中表现在：主张科学认识来源于实践，实践是检验科学认识真理性的标准和认识发展的动力；重视以定性分析和定量分析作为科学认识的一种方法；倡导科学无国界，科学是不断发展的开放体系，不承认终极真理；主张科学的自由探索，在真理面前一律平等，对不同意见采取宽容态度，不迷信权威；提倡怀疑、批判、不断创新进取的精神。

文中首段言"知行是世界的学生，诸君是学校的学生"，既表达了先生谦和的态度，也传递了先生无时无地不在以学习者的心态探知世界的科学精神。《中国教育报》中一篇题为"这是一个知识更新速度不断加快的时代"的文章写道：在知识更迭日益加快的今天，一个本科生走出校门两年内，一个硕士研究生毕业三年内，一个博士生毕业四年内，如果不及时补充新知识，其所学的专业知识将全部老化。按照知识折旧定律：如果一年不学习，你所拥有的知识就会折旧 80%。其实，就一个人一生所学的知识来说，在校求学阶段所获得的知识充其量不过是他一生所需的 10%，而另外 90% 的知识都必须在以后的自学中不断获取。

由此可见，教师的"学习"不仅不应该止于其走出作为学生的学校，走进作为教师的学校的那一刻，更应该从那一刻开始，在保留对"如何学"的思考的同时，增加一份对"如何教"的学习。倘若一名教师能够始终保持学习者的心态去探索世界、探知真理，那他便做到了既是自己的老师也是自己的学生。

（2）要改造社会必须具有委婉的精神。

书中对这一观点的解释具有时代背景，大意是说学生要改造社会，须走到民众前头，慢慢地领着民众向前走。当下的时代与陶先生所处的时代已大相径庭，但是这一观点仍启发我进一步思考了当下教与学中的委婉精神。所谓委婉的精神，就是不能操之过急。学生的学和教师的教若是主要以获得卷面上的高分为目的，则难免急功近利。以高分为主要目的的教与学不仅难以培养具有终身学习精神的学生，常常还会带来对分数患得患失的焦虑。教与学中的委婉精神是专注于教与学本身、循序渐进的科学精神，更是甘于寂寞、静待花开的淡泊精神。作为教师，要真正关心学生，注意观察学生的兴趣、特长、思想品质和思维特质，要保护好学生的求知欲、好奇心和创造力。作为学生，要真正关心学习，知其然更要知其所以然，且要在所以然上下狠功夫。

以我自身的经历为例，在初入职时我就立志要成为一名优秀教师。中山市每年都有优秀教师的评选，于是我按照优秀教师的标准努力，终于在参加工作的第五年获得了职业生涯中的第一个"优秀教师"称号，这让我非常有成就感。然而2013年，我收到一位前辈的祝福短信："赵老师，祝贺你获得中山市'师德标兵'称号。"我很纳闷，为什么久未联络的前辈会专门为了一个奖项祝福我？后来我才知道"师德标兵"是比"优秀教师"更难得的一个奖项。从教十余年，对教育已经有了一定思考的我并没有因为这个奖项沾沾自喜，而是反观2005年的"优秀教师"和2013年的"师德标兵"称号，两者之间最大的区别是2005年的"优秀教师"是我奔着"优秀教师的标准"而努力有心得到的，2013年的"师德标兵"则是我奔着"高质量的教学"而努力无心得到的。可见，倘若一名教师能够跳出名利束缚来对待自己的教学，那么就如同学生跳出分数束缚对待学习，我把它称为教师的淡泊精神。

（3）应对环境必具有坚强人格和百折不挠的精神。

《义务教育数学课程标准（2022年版）》指出："聚焦中国学生发展核心素养，培养学生适应未来发展的正确价值观、必备品格和关键能力，引导学生明确人生发展方向，成长为德智体美劳全面发展的社会主义建设者和接班人。"

我常常在思考必备品格的具体含义，《学生的精神》一文里提到："我们处在任何环境里面，必抱有坚强人格，不可自由摇动，尤其到了利害生死关头之时，必具有'富贵不能淫，贫贱不能移，威武不能屈'的气概。"

习近平总书记在参加十四届全国人大一次会议江苏代表团审议时的讲话中指出："在激烈的国际竞争中，我们要开辟发展新领域新赛道、塑造发展新动能新优势，从根本上说，还是要依靠科技创新。"

基础教育是培养科技创新人才的摇篮，是青少年树立正确价值观、养成创新思考品质的关键时期。这就需要从事基础教育的教师加强自身的学习，要深刻理解为谁培养人、培养什么样的人和怎样培养人；要坚持自我反思，检查自身的思想素质和育人能力是否达到时代进步和国家发展的需求；要在前两者的基础上，深耕课堂、大胆实践，不断突破自己的认知局限和经验局限，成为有实干精神和创新能力的教师。如此，他才有可能为国家培育一代又一代有理想、有本领、有担当的时代新人。这种担当精神的形成更多的是通过教师言行举止的影响和耳濡目染的渗透。

育人自育，真人自真，需要教师要有一股学生精神，在教中学、在学中教，不断加强自身的科学精神、淡泊精神和担当精神。

十、读《人生很短，做一个有趣的人》有感

《人生很短，做一个有趣的人》一书是我获得的一份奖品。共同体每月会开展一次大型的教研活动。2017 年，我因按时参加每一次活动而获得了"全勤奖"，奖品就是这本书。

这本书的书名很吸引我，它让我想起了一位前辈的一句问话："赵桂枝，你的兴趣爱好是什么？"当时我愣了许久，竟无言以对。他略带同情又十分关切地劝我："还是要培养一两样兴趣爱好的。"

我不是一个"有趣"的人，我的生活也谈不上有趣。但我喜欢也希望自己成为一个"有趣"的人。我期待这本书能够给我一个指引，所以得到书的那天晚上我迫不及待地打开它寻找答案。可是这本书开篇即写"吃"，并用大量的篇幅写"吃"。"吃"和"做吃"都是我的短板。有例可证：婆婆厨艺是公认的好，有一次她让我试味，我试了后说："很好。"她不放心，自己试了一下，问我："你没吃出没放盐吗？"我真没吃出没放盐。至于"做吃"，在最近的半年里我一共下厨六次，勉强算成功的有两次。所以当我看到书中那些"冬笋""咸鱼"的字样时，心中大呼上当，毫不犹豫地把它打入了冷宫。

这本书得以被解冻是因为和锦花老师的一次闲聊。我随口提了一提"汪曾祺"，本意是想在这位语文老师面前吐槽一下这本书"挂羊头卖狗肉"的不地道。结果却发现她两眼放光，不掩赞许地说："他写的书都很不错，他是一个可以把平常的日子过得很精致、写得很生动的人。没想到你们数学老师还会读他的书，好佩服你们呀！"听到最后一句话，我赶紧把吐到嘴边的牢骚吞了回去。

把平常的日子过得精致是我喜欢的生活态度和方式。为什么我没有读出来

呢？是书中没有？还是我心中没有？摒弃我思想中对"吃"的成见，细细品读汪曾祺的文字，字里行间，细而不腻、平却不淡，如溪涧清泉，怡人脾肺。正如他自己引用的评论家的话："汪曾祺的语言很怪，拆开来没有什么，放在一起就有点味道。"其"细"体现在他对事物的描写，总能在写无可写处落笔生花，我对"拖地"的描写即有效仿之意。其"平"体现在书中所记多是平常小事，却如茶似酒，品之有味。我写《雨》的灵感就来自他笔下《昆明的雨》。汪曾祺的文字，每一句都是平常的，但"放在一起"，字与字之间、句与句之间，互相映衬、互相顾盼，就形成了他独有的味道。我的文字当然不敢与其媲美，但是一本书能够激发一个不擅写作的读者用文字抒发情感的欲望，其魔力显而易见。

在《人生很短，做一个有趣的人》里有汪曾祺对西南联大的回忆："我生活得最久，接受影响最深，使我成为这样一个人，这样一个作家——不是另一种作家的地方，是西南联大。日寇侵华，平津沦陷，北大、清华、南开被迫南迁，组成一个大学，在长沙暂住，名为'临时大学'。后迁云南，改名'国立西南联合大学'，简称'西南联大'。这是一座战时的、临时性的大学，但却是一个产生天才，影响深远，可以彪炳于世界大学之林，与牛津、剑桥、哈佛、耶鲁平列而无愧色的，窳劣而辉煌的，奇迹一样的，'空前绝后'的大学。喔，我的母校，我的西南联大！"

读到这里，我竟有些鼻酸。在电影《无问西东》中，沈光耀读书的地方应该就是西南联大了。

这本书中有很多我不认识的字和不理解的词。如上文的"窳"，音同羽，"恶劣、粗劣"的意思。再如书中描写十八罗汉时写道："或坐或卧，或支颐，或抱膝，或垂眉，或凝视，或欲语，或谛听。"我不知道这里的"颐"是什么意思，心想"支颐"应该和"抱膝""垂眉"是同类的表达。我捧着书去考儿子，儿子猜是"支着头"的意思，百度里一查，原来支着的是下巴。

合上书，支颐自省。我应该算是"有趣"的人。我的"趣"在于陪儿子玩耍嬉戏的时候只有十岁，和老公探讨人生的时候不过二十岁，在讲台上侃侃而谈的时候最多三十岁，阅读写作的时候"冻龄"。如同此刻，时间于我是静止的。我也应该算是"有兴趣爱好"的人，我的兴趣爱好是：阅读。

《人生很短，做一个有趣的人》是一本散文集。在一个研究初中数学教与学的教师团队中推荐、奖励这样一本文学类书籍应该也能彰显出这个团队的风格和品味吧！

第二章 "育真课堂"实施路径

2014年3月，教育部印发《关于全面深化课程改革落实立德树人根本任务的意见》，提出落实立德树人根本任务的重要性和紧迫性。2021年3月，习近平总书记指出："要从党和国家事业发展全局的高度，坚守为党育人、为国育才，把立德树人融入思想道德教育、文化知识教育、社会实践教育各环节，贯穿基础教育、职业教育、高等教育各领域，体现到学科体系、教学体系、教材体系、管理体系建设各方面，培根铸魂、启智润心。"培根铸魂、启智润心，巧妙地由教育方式——培、铸、启、润4个字和教育内容——根、魂、智、心4个字组成，其观念卓立于国内外先进教育的坐标体系，赋予时代教育改革的先进性内涵。

2021年8月，我有幸加入广东省高艳玲名教师工作室，高老师基于陶行知先生提出的"千教万教教人求真，千学万学学做真人"和中山市初中数学教研员周曙老师提出的"真·实"数学，提出了"育真数学"的教学主张。我在此教学主张的指导下开始研究"育真数学"的实施路径。希望通过教师的"育真"行为，促进学生的"学真"效果，实现教师的"立真德、弘真爱、树真人"和学生的"学真知、践真行、做真人"。

"育"具有抚育、培育和教育的含义，体现"以学生为本，以生命为本，以生长为本"的育人理念，旨在教师通过长期的、耐心的、科学的引导和训练实现"教人求真"的教育目的。"真"具有真实、真知和真人的含义，体现"求真务实，领悟真知，培育真人"的教学理念，旨在让师生通过真实的数学教学活动，掌握真实的数学知识，培养真实的思维品格。

第一节 教学内容篇

一、有理数概念教学

本部分共设计了《有理数》一章中五个概念的教学：正数和负数、有理数、数轴、相反数、绝对值。《有理数》作为第三学段数学学习的开篇，内容安排上考虑了学生已有的学习、生活经验。在前两个学段学习的基础上，借助生活实例引入负数，通过添加负数这一类"新数"，使数的范围扩张到有理数，再利用学生的日常生活经验、数轴的几何直观等，通过具体实例的归纳，将正数和负数之间的运算归结到正数之间的运算，进而定义有理数的运算，得出运算法则，并运用有理数的运算解决简单的问题。这部分的知识及其思想方法是后续学习的基础。引入负数是实际的需要，也是学习后续内容，特别是"数与代数"内容的需要，学生可以从中体会根据实际和数学引入新数的好处。数轴是数形结合思想的产物，引入数轴后，可以用数轴上的点直观地表示有理数，从而为学生提供了理解相反数、绝对值的直观工具，同时也为学习有理数的运算法则做了准备。引入相反数的概念，一方面可以加深对相反意义的量的认识，另一方面可以为学习绝对值、有理数运算作准备。绝对值概念可借助距离概念加以定义。在数轴上，一个点由方向和距离（长度）确定；相应地，一个实数由符号和绝对值确定。这里，"方向"与"符号"对应，"距离"与"绝对值"对应，又一次体现了数与形的结合、转化。所以绝对值概念可以促进数轴概念的理解，同时也是数的大小比较、数的运算的基础。

课题 1：正数和负数

课标要求

《义务教育数学课程标准（2022 年版）》
【第二学段】
在熟悉的生活情境中，了解负数的意义，会用负数表示日常生活中的一些量。

【第三学段】

无。

教学内容分析

引入负数，将数的范围扩张到有理数，是解决实际问题的需要，也是解决数学内部运算、解方程等问题的需要。

正数和负数这两个概念位于初中阶段起始年级、起始章节、起始课，其重要性毋庸置疑。特别是负号和负数，是掌握有理数运算、理解有理数运算律的关键。关于正数和负数，在小学六年级已经学习过，以下是人教版六年级下册和七年级上册给出的正数和负数的定义：

六年级下册：

如 3、500、4.7、$\frac{3}{8}$，这些数是正数；在这些数的前面添加上负号"–"，如 –3、–500、–4.7、$-\frac{3}{8}$ 等，这些数是负数。

七年级上册：

像 3、1.8%、3.5 这样大于 0 的数叫做正数。像 –3、–2.7%、–4.5、–1.2 这样在正数前加上符号"–"（负）的数叫做负数。

通过对比可以看出这两个学段都是用描述的方式对正数和负数下定义，进一步研究小学阶段的教材，不难发现小学对负数的意义、读法及表示都有比较详细的介绍。

本节课是人教版七年级数学第一章第一节，其内容是本章后续的有理数相关概念及运算的基础，也是学习"数与代数"内容的需要。对于学生而言，本部分内容属于在已学知识基础上的进一步拓展，所以本节课的任务是在学生原有的对于正数和负数的认知基础上，增加用正数和负数刻画现实中具有相反意义的量的经验，让学生进一步感受负数与现实生活的联系，体会引入负数的必要性，加深学生对正数和负数意义的理解。

学情分析

　　七年级学生刚刚进入初中学习，对新学段的学习和新知识的学习充满好奇。因为在小学已经学习过关于正数和负数的知识，所以学生经历过在熟悉的生活情境中认识负数的过程，从而积累了一些用负数表示日常生活中量的经验。但是受心智发展水平的限制，学生对负数的理解仅仅浮于表层，对数学符号的认知也比较肤浅。

　　学生在小学已经学习了正有理数和 0 的知识，对负数的意义也有了初步的了解，还会用负数表示日常生活中的一些量，但他们对负数意义的了解非常有限，在一些比较复杂的实际问题中，需要针对问题的具体特点规定正、负，特别是要用正数和负数描述向指定方向变化的现象（如"负增长"）中的量时，大多数学生都会有困难。这既与学生的生活经验不足有关，同时也因为这样的表示与日常习惯不一样。因此需要多举日常生活、生产中的实例，让学生积累大量的经验后逐步理解正数与负数的意义，学会用正数、负数表示具有相反意义的量。

课前准备

　　教师：完成教学设计，制作教学课件，采用访谈法了解学生在小学阶段关于正数和负数的学习情况。

　　学生：准备好课本、学具和一根 50cm 长的细绳。

教学设计

课题名称		1.1 正数和负数	课型	新授课
教学目标	育人目标	体会"思考"和"回忆"的区别。		
	知识目标	1. 理解正数、负数的意义。 2. 会用正数、负数表示指定方向变化的量。		
	素养目标	培养符号意识和数感。		

（续上表）

课题名称	1.1 正数和负数	课型	新授课
教学重点	培养符号意识和数感。		
教学难点	用正数、负数表示指定方向变化的量。		
教学过程设计			
环节设计	师生活动	设计意图	
1. 激趣引入 体验乐学。	【活动1】穿越游戏 每人手上有一根绳子。站着表示穿越到了古代，不能说话，不能写字，只能做手势。坐着表示回到了现代。教师设计游戏，在游戏过程中担任旁白：我们一起去狩猎，第一天得到了3只羊，请记录，第二天得到了2只羊，请记录。 学生按游戏规则参与游戏。	1. 让学生体验古代结绳记数的方法。 2. 激发学生学习的兴趣。	
2. 因势利导 循序勤学。	【活动2】负数的产生 问题： 1. 通过在绳子上打结来记数的方法叫结绳记数法。结绳比较麻烦，而且容易混乱，后来人们发明了一种符号，这种符号非常简洁，大家都喜欢，所以就成了世界通用的表示数的符号，沿用至今。你知道是什么符号吗？ 2. 得到3只羊，用符号"3"记录，失去3只羊怎样记录呢？ 教师提出问题，引导学生作答。 学生思考作答。	1. 促进学生体会，引入负数是生活和生产的需要。 2. 加深学生对负号"－"的理解。 3. 培养符号意识和数感。	

（续上表）

环节设计	师生活动	设计意图
3. 设问引导阅读自学。	【活动3】阅读课本 阅读课本 P1～2 的内容，思考下面的问题： （1）什么叫正数？什么叫负数？ （2）0 是正数还是负数？ （3）正号和负号的作用是什么？ （4）你可以举一些生活中使用正号和负号的例子吗？ （5）你可以举一些生活中使用正数和负数的例子吗？ 教师出示问题，关注学生阅读情况，给予个别指导。 学生安静阅读，独立思考，做笔记。	1. 培养学生阅读习惯。 2. 促进学生了解正数和负数的意义、正号和负号的作用、0 和正负数之间的关系。
4. 解惑启发互动互学。	师生互动，完成活动 3 中的问题（1）～（3）的相关研究。 教师提出问题，引导学生作答。 学生思考作答。	加深学生对正数和负数、正号和负号的理解。
	【活动4】生活中的正号和负号 问题：你可以举一些生活中使用正号和负号的例子吗？比如得到 3 只羊记作 +3，失去 3 只羊记作 -3，正号表示得到，负号表示失去。 教师提出问题，引导学生作答。 学生思考作答。	活动 4 设计的是生活中的正号和负号，而不是生活中的正数和负数。旨在进一步加深学生对正号和负号的理解。
	【活动5】生活中的正数和负数 正号和负号表示相反意义，正数和负数表示相反意义的量。 问题1：你可以举一些生活中使用正数和负数的例子吗？	活动 5 进一步加深了学生对正数和负数的理解；学会用正数、负数表示指定方向变化的量。

（续上表）

环节设计	师生活动	设计意图
4. 解惑启发 互动互学。	问题2：一个月内，小明体重增加2kg，小华体重减少1kg，小强体重无变化，写出他们这个月的体重增长值。 变式：写出他们这个月的体重降低值。 问题3：某年，下列国家的商品进出口总额比上年的变化情况是：美国减少 6.4%，德国增长1.3%，法国减少2.4%，英国减少3.5%，意大利增长0.2%，中国增长7.5%。写出这些国家这一年商品进出口总额的增长率。 变式：请你说出这些国家这一年商品进出口总额的减少率。 教师提出问题，引导学生作答。 学生思考作答。	
	【活动6】正话反说 A：向前走200米。 B：向前走200米也就是向后走－200米。 教师提出要求给出示范。 学生思考作答。	突破难点：用正数、负数表示指定方向变化的量。
	【活动7】特别的0 问题：小学我们认识的0表示没有，学习了正数和负数以后，我们知道正数和负数表示相反意义的量，作为正数和负数分界的0，其意义也更加丰富了。比如前面遇到的用正数表示体重增加，负数表示体重减少，那么体重没有增	加深学生对0的理解。

（续上表）

环节设计	师生活动	设计意图
4. 解惑启发互动互学。	加也没有减少时用 0 表示。同学们还可以举一些其他的例子吗？教师提出问题，引导学生作答。学生思考作答。	
5. 提炼指导建构善学。	【活动8】课堂练习 完成课本 P4 练习 1~4。 教师提出问题，根据学生的解答给予指导。 学生思考作答。	了解学生对知识掌握的情况，帮助学生完善知识体系。
6. 评价鼓励自评笃学。	【活动9】课堂小结 养成梳理知识，归纳总结的习惯，可以提高课堂学习效率，更好地建构自己的知识体系。 问题： 回顾这节课的学习，你有哪些收获？ 教师提出问题，并根据学生的回答对本节课的知识进行提炼总结。 学生思考作答。	培养学生归纳总结能力，加深对本节课所学内容的理解。
教学反思	内容反思： 这节课仅仅是学生理解负号和负数的开始，之后每一次遇到都会有新的发现。如在学习绝对值时，学生会发现负数又可以看成由负号和它的绝对值两部分组成。在学习有理数大小比较时，学生会进一步理解负数和0的关系。在学习实数时，学生会知道负数不仅包括负有理数，还有负无理数。在学习相反数时，学生会发现负号可以表示相反数，比如 "–2"，又可以理解为2的相反数。在学习加减混合运算时，学生会发现负号和减号可以相互转换，比如 3–2，又可以理解为3与负2的和。在学习有理数减法时，学生发现小数减大数出现了负数。在学习方程时，教师可以在适当的时候告知学生我们的先人就是在解决方程问题中发现的负数。	

（续上表）

环节设计	师生活动	设计意图
教学反思	育真反思： 受学生现有的知识储备和理解能力的限制，对概念内涵和外延的认知不一定在一节课上全部完成，教师设计一个概念的教学，不仅要从一节课的角度去思考，更要考虑学生的认知规律以及概念在特定学段的知识体系中的内涵和外延，循序渐进，不断加深。	

课题 2：有理数

课标要求

《义务教育数学课程标准（2022 年版）》

【第一学段】

能结合具体情境初步认识小数和分数，能读、写小数和分数。

【第二学段】

了解自然数、整数、奇数、偶数、质（素）数和合数；结合具体情境，理解小数和分数的意义，理解百分数的意义；会进行小数、分数和百分数的转化（不包括将循环小数转化为分数）。

【第三学段】

理解有理数的意义。

教学内容分析

在前两个学段，学生已经学习了很多不同类型的数（如：小数、分数、自然数、整数、奇数、偶数、质（素）数、合数、百分数等）。通过上两节课的学习，学生又知道了现在的数还包括正数和负数。所以本节课的教学内容是在总结从小学开始学过的数的基础上，通过逐步增加新数而将数的范围逐步扩充的过程。这里渗透了数的扩充的基本思想。本节课在引入了负数后，对所学过的数按照一定的标准进行分类，进而提出了有理数的概念。分类是数学中解决问题的常用手段，通过本节课的学习，使学生了解分类思想并进行简单的分类是数学能力的体现。

本节课是人教版七年级数学第一章第二节——《有理数》（第一课时）。正式引出本章的核心概念——有理数，是小学所学算术范围的第一次扩充，是算术到有理数的衔接与过渡，并且是以后学习数轴、相反数、绝对值以及有理数运算的基础。在本节中有理数的概念以旧知引新知的方式呈现，对于学生而言，属于在已学知识的基础上进一步的拓展。所以本节课的任务是在学生原有的对于数的认知基础上，进一步将数的范围逐步扩充，引导学生正确理解有理数的概念、有理数的分类标准和按照一定的标准对有理数进行分类。教师讲解时要启发引导，充分体现以学生为主体，注重学生的参与意识。教学过程中要给学生提供较大的思维空间，促进学生积极主动地参加学习，亲身体验知识的形成过程，同时还要体现合作学习、交流、探究提高的特点，积极培养学生的分类能力。

学情分析

从学生的知识技能基础来看，七年级学生在小学已经学习过整数、分数、小数的概念及运算，对负数的概念有所了解。结合前两节课的知识学习，学生更进一步知道了正数、负数和0的区别。从学生的活动经验基础来看，学生在小学通过对温度计的认识活动，学习了用负数解决一些简单的比较大小的问题。刚进入初中的学生掌握正数、负数的概念程度参差不齐，结合实际正确的表示相反意义的量，建立有理数的概念是学习的重点；对负数概念的理解和有理数的分类是难点。

在本节课学习之前，学生已经知道，0 以外的自然数，实际上是正整数；在 0 以外的自然数前面加上 " - " 的数，就是负整数。正整数、0、负整数统称整数。形如 $\frac{p}{q}$（p，q 是正整数）的数是正分数，形如 $-\frac{p}{q}$（p，q 是正整数）的数是负分数。在上述基础上给出有理数的概念。可以说，到现在为止，学生学过的数（除 π 以外）都是有理数。后面还要学习实数，学生可以在实数范围内认识有理数，对有理数会有更深的了解。七年级的学生思维较为活跃，乐于探索、敢于探索，所以在本节课的教学过程中可以有效设计教学环节，建立起不同于小学的数学认知方式与思维方式，充分调动学生的学习积极性。

课前准备

教师：完成教学设计、制作教学课件。
学生：准备好课本、学具。

教学设计

课题名称		1.2.1 有理数	课型	新授课
教学目标	育人目标	体验分类是生活和数学中常用的处理问题的方法。		
	知识目标	1. 正确理解有理数的概念及分类，能够准确区分正整数、0、负整数、正分数、负分数。 2. 掌握有理数的分类方法，能把给出的有理数按要求分类，了解 0 在有理数分类中的应用。		
	素养目标	培养分类讨论意识。		
教学重点		理解有理数的概念。		
教学难点		理解有理数的分类标准，能够按照一定的标准进行分类。		
教学过程设计				
环节设计		师生活动	设计意图	
1. 激趣引入 体验乐学。		【活动1】说数接龙 教师提出问题，随机找学生作答：请按要求说一个学过的数。学生快速思考作答。 【活动2】给"流浪数"找到"家" 教师给出游戏规则：所有正整数组成正整数集合，所有负整数组成负整数集合。接下来我们来做一个游戏：给"流浪数"找到"家"，也就是找到它所在的集合。学生思考作答。	1. 让学生经历说数接龙的层层问题思考的过程，引导学生将所学过的数进行分类。 2. 让学生经历数的整理过程，初步体会数的分类。	

(续上表)

环节设计	师生活动	设计意图
2. 因势利导循序勤学。	【活动3】数的分类 教师提出问题： （1）大家可不可以将这五类数整合成两类（前后左右讨论一下）？ （2）以"是否为整数"为分类标准，可以将五类数整合成两类：整数、分数。那么整数和分数合在一起叫什么呢？ 学生小组讨论交流后，师生共同分析，教师引导学生思考作答。	在进一步提问的过程中，引出本节课的教学重点：有理数的概念，引导学生在旧知的基础上进一步掌握新知。
3. 设问引导阅读自学。	【活动4】阅读课本 阅读课本 P6 的内容，思考： （1）整数包括哪些数？ （2）分数包括哪些数？ （3）什么是有理数？ （4）形如 $\dfrac{p}{q}$（p，q 是整数，且 $q \neq 0$）的数一定是有理数吗？ （5）有限小数和无限循环小数都是有理数吗？ 教师出示问题，关注学生阅读情况，给予个别指导。 学生安静阅读、独立思考，做笔记。	1. 培养阅读习惯。 2. 通过阅读了解有理数的概念，正数、分数、有理数的分类，理解有理数的分类标准和学习按照一定的标准进行分类。

（续上表）

环节设计	师生活动	设计意图
4. 解惑启发 互动互学。	【活动5】数的扩充 教师针对活动4中提出的问题，引导学生体会：随着学习的不断加深，认识的数的范围也不断扩大。最开始学习的是正整数，引入0后，数的范围扩充到自然数；引入分数后，数的范围扩充到非负有理数；引入负数后，数的范围扩充到有理数。 学生思考、作答、消化、记忆。	1. 突破难点：正确理解有理数的分类标准和学会按照一定的标准进行分类。 2. 通过强调学生认知中的易错点，强化学生对有理数概念的理解。
5. 提炼指导 建构善学。	【活动6】课堂练习 完成课本P6～7的练习。问题变式：请把这些有理数填入下图它们属于的集合的圈内。该怎样填呢？ 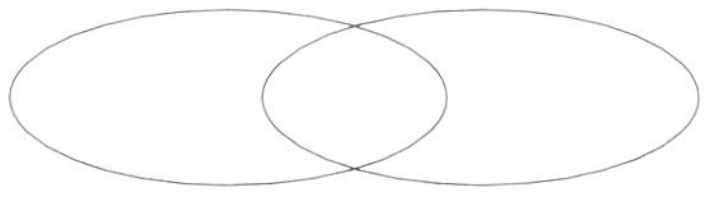 正数集合　　整数集合 教师提出问题，引导学生作答，并及时根据学生的做答情况继续补充提问；学生快速思考后作答。	1. 引导学生在思考、尝试、讨论的过程中进一步理解有理数的概念。 2. 培养学生根据不同的分类标准对有理数进行分类的能力。

（续上表）

环节设计	师生活动	设计意图
6. 评价鼓励 自评笃学。	【活动7】课堂小结 问题：回顾这节课的学习，你有哪些收获？ 教师提出问题，引导学生作答，根据学生的回答进行补充，强调本节课的核心：有理数的概念和两种分类方法。 学生思考作答。	师生共同回顾整节课所学内容，加强学生对于有理数的概念和两种分类方法等知识的应用，进一步巩固学生对本节课所学知识的理解和掌握。
教学反思	内容反思： 分类思想以及有理数的分类都是十分重要的内容。在学习相反数和绝对值时，都会应用分类的思想，从正数、负数和 0 三种情况进行研究。本节课学生独立分类的能力还不够强，课堂教学中，教师在引导学生对有理数进行分类之前可以举一些生活中的例子让学生理解分类和分类标准。比如按照性别分类，班里的同学可以分为两类，男生和女生。这里的分类标准是"性别"，分类的结果是"男生""女生"。 育真反思： 由于有些学生在课前已经学习或自学了这部分内容，所以在探索有理数的分类时，学生的注意力主要集中在对结果的表述上，对分类标准的思考关注度不够。在教学中需要加强学法指导，培养既要知其然，又要知其所以然的学习态度。	

课题3：数轴

课标要求

《义务教育数学课程标准（2022 年版）》

【第三学段】

在理解有理数的意义的基础上，能用数轴上的点表示有理数，能比较有理数的大小，并在后续学习中能借助数轴理解相反数和绝对值的意义。

教学内容分析

数轴是初中数学的核心概念，体现了数形结合的思想，学习数轴是学生把数和形统一起来的第一次尝试，数轴还能将数的分类直观地表现出来，体现了分类的思想，也是学生第一次遇到用形表示数的问题。数轴使数的概念和运算可以与位置、方向、距离等统一起来，使数的语言得到几何解释，数有了直观意义。用数轴上的点表示实数，就是要使任意一个实数能用唯一确定的点表示，同时，任意一个点只能表示一个实数（这样要求的意义需要学生逐渐体会）。在这样的要求下，明确规定原点、方向和单位长度"三要素"是必需而且自然的。

数轴是一个重要概念，后续理解绝对值概念、推导有理数的运算法则、求不等式的解、学习直角坐标系都是以它为基础的。数轴建立了直线上的点与实数的对应，是一维的坐标系。对于学生而言，本部分内容属于新知。所以本节课的任务是引导学生在借助生活情境学习新知的过程中，逐步体会数轴的三要素和用数轴上的点表示数的合理性，让学生逐步感受其中的数形结合思想。在数轴的直观表示中，加深学生对数的概念的理解，鼓励学生从中得到启发而提出新的问题或结论（如相反数、绝对值、大小比较等）。

学情分析

对于刚刚从小学学习阶段走进初中学习阶段的初一新生而言，学习本节课是他们第一次接触到用形表示数的问题，困难在于理解其中蕴含的思想以及如何运用这种思想解决实际问题。所以，在讲解本节课时，可以借鉴引入理解负数时的经验，也要借鉴学生的生活经验。引导学生在自主探究生活情境的过程中，逐步接受并体会新知的意义，感受到数学来源于生活又高于生活的思想美。

但在基本思想上，还是要借助具体情境（如生活情境、问题情境等），教师先讲解，学生获得体验后进行模仿式举例。例如：本节课中，"三要素"及其对于确定"数轴上的点"的意义（根据"三要素"可以在数轴上找到唯一确定的点，否则"存在性""唯一性"就做不到），有理数集（实数集）中0，1以及数的符号等与数轴上的相关要素的对应性，都需要教师引导体会。教师可以借助生活情境，让学生画图描述位置，逐步过渡到"用数表示直线上的点"和"用数轴上的点表示数"，再让学生把这一例子与温度计作比较，概括它们的共同点而引入数轴概念，并具体讲述数轴的画法和用数轴上的点表示数的方法，从而在教学过程中根据学生不同水平的现有认知及时调整教学策略。

课前准备

教师：教师完成教学设计，制作教学课件，准备马路、汽车站牌、柳树、杨树、槐树和电线杆的实物模型。

学生：每个学生准备一张图纸和画图工具（直尺等文具）。

教学设计

课题名称		1.2.2 数轴	课型	新授课
教学目标	育人目标	在从生活情境中建立数轴模型的过程中体会数学的简约之美。		
	知识目标	1. 了解数轴的概念，会用数轴上的点表示有理数。 2. 体会数轴 "三要素" 和有理数集中 0，1 和数的符号之间的对应性。		
	素养目标	初步体会数形结合思想。		
教学重点		能用数轴上的点表示有理数。		
教学难点		体会数轴 "三要素" 与有理数集中 0，1 和数的符号之间的对应性。		
教学过程设计				
环节设计		师生活动	设计意图	
1. 激趣引入体验乐学。		【活动1】摆一摆 情境：在一条东西向的马路上，有一个汽车站牌，汽车站牌东 3m 和 7.5m 处分别有一棵柳树和一棵杨树，汽车站牌西 3m 和 4.8m 处分别有一棵槐树和一根电线杆。 问题：如何利用纸质模型将这个生活中的画面呈现在黑板上？ 教师出示情境，提出问题； 学生小组讨论交流后，师生共同分析。	让学生经历将生活中的一个情境用纸质模型呈现在黑板上的过程，激发兴趣，初步建立模型思想。	

（续上表）

环节设计	师生活动	设计意图
2. 因势利导循序勤学。	【活动2】画一画 问题：大家觉得这样的呈现方式够不够简洁？还能不能用更加简洁的方式来表示马路、汽车站牌、树和电线杆以及它们的位置关系呢？ 教师提出问题，引导学生作答；学生独立思考作答，也可与同桌或前后同学交流。	1. 以"三要素"为定向，在层层深入探究问题的过程中，让学生体会实际问题的数学抽象。 2. 初步体会数形结合思想，为定义数轴概念提供直观基础。
3. 设问引导阅读自学。	【活动3】阅读课本 阅读课本 P7～9 的内容，画一条数轴，并思考下面的问题： (1) 画数轴时要注意哪些问题？ (2) P7 的图 1.2－2 和 P8 的图 1.2－3 有什么共同点，有什么不同点？ (3) 数轴的功能是什么？ (4) 在数轴上表示有理数，左边的数和右边的数有怎样的大小关系？ 教师出示问题，关注学生阅读情况，给予个别指导；学生安静阅读，独立思考，做笔记。	1. 培养阅读习惯。 2. 了解画数轴的注意事项，数轴的特点和功能。 3. 利用数轴表示有理数时，认识点的位置和有理数大小之间的关系。
4. 解惑启发互动互学。	【活动4】问题探究 针对活动3中的问题，教师继续提问并引导学生回答，得出以下结论： (1) 原点、单位长度和正方向是画数轴的关键，我们把它们叫作数轴"三要素"。	1. 理解数轴"三要素"与有理数集中0，1和数的符号之间的对应性。 2. 加深对数轴概念中"三要素"的理解。 3. 会用数轴上的点表示有理数。

（续上表）

环节设计	师生活动	设计意图
4. 解惑启发 互动互学。	（2）因为数学是研究数量关系和空间形式的科学。从实物到纸质模型，再到图形，其表达方式越来越简洁，数学关注的重点越来越突出，这个过程就是一个不断抽象的过程，体现了数学抽象的思想。 （3）数学中规定：在数轴上表示有理数，它们从左到右的顺序，就是从小到大的顺序，即左边的数小于右边的数。	
5. 提炼指导 建构善学。	【活动5】课堂练习 完成课本 P9 归纳部分的填空和练习。 教师提出问题，引导学生作答，并及时投影学生做题情况； 学生思考后动手画图作答。	习题反映了正数和负数在数轴上的位置，以及和原点之间的距离。可用以加深学生对数轴 "三要素" 的理解。
6. 评价鼓励 自评笃学。	【活动6】课堂小结 回顾这节课的学习，你有哪些收获？ 教师提出问题，提炼总结：本节课的展开顺序：实物—道具—图画—数轴，我们将实际问题抽象为数学问题，感受其中的模型思想和数形结合思想。 学生思考作答。	师生共同回顾整节课所学内容，教师再次强调本节课的核心：数轴 "三要素"。 让学生感受通过数轴把数与形结合起来的优越性，拓展延伸学生的数形结合思想。

（续上表）

环节设计	师生活动	设计意图
教学反思	内容反思： 学习数轴是把数和形统一起来的第一次尝试，是学生第一次感悟数形结合思想。本节课从生活情境中建立数轴模型的过程用了 15 分钟，虽然用时偏长，但多数学生对数学建模和数学抽象产生了初步的感受，对数轴"三要素"的理解比较清晰，基本达到预期的效果。由于时间关系，画数轴和用数轴上的点表示有理数这两方面的练习不充分，所以学生对分数（小数）特别是负分数（负小数）表示的点的判断不够明晰，需要进一步加强。 育真反思： 从生活情境中抽象出数轴模型需要学生进行深层次思考，由于初一学生逻辑思维能力还不是很强，所以只有少数学生能有所体悟。这一环节需要教师观察学生的反应，根据学生的实际情况分层做要求。	

课题 4：相反数

课标要求

《义务教育数学课程标准（2022 年版）》
【第三学段】
借助数轴理解相反数的意义，掌握求有理数的相反数的方法。

教学内容分析

本节课是人教版七年级数学第一章第二节第三课时的内容，位于数轴之后、绝对值之前。引入相反数的概念，一方面可以加深对相反意义的量的认识和对数轴知识的应用，另一方面可以为学习绝对值、有理数运算作准备。在介绍相反数概念时，要注意前后知识之间的联系。可以采取从具体到抽象的方法，引导学生观察互为相反数的两个数的特点，归纳出相反数的定义。在概念学习中要引导学生注意"互为"是因为相反数具有"双向"的特点。这一特点在倒数、余角和补角等概念中也存在。利用数轴加深学生对相反数概念的理解，通过图形感受互为相反数的两个数在数轴上对应的点到原点的距离相等，在位置上关于原点对称，这体现了数形结合思想。符号语言的应用也是本节课需要重点关注的内容。用字母来表示"互为相反数"便于后面介绍多重符号的化简问题，也为今后的学习打下基础，如用字母把有理数减法法则简明表示出来，就需要用到字母来表示"一个数的相反数"。教学中要注意巧妙设置问题，将教学难点分解，让学生逐步消化，使不同层次的学生都有不同程度的收获。如让学生通过对任意数 a 的赋值，熟悉正数的相反数是负数，负数的相反数是正数，0 的相反数是 0。"0 的相反数是 0"是相反数定义的一部分。这里用到了从特殊到一般和分类讨论的思维方法。

学情分析

数轴和相反数对于学生而言都是全新的概念，因此学生在学习的过程中积极性很高。由于刚刚迈入初中阶段，学生思维还处于从具体形象思维向抽象逻辑思维提升的阶段，所以学生一般都能掌握求具体的简单数字的相反数，但是当涉及字母或含有多重符号时，很多学生理解起来就有些困难了。因为现阶段的学生思维以直观、形象思维为主，所以这节课需要创设有趣的情境，调动学生的兴趣，从简单问题入手，让学生自己观察、猜想、归纳，体会知识生成的过程，建立自信，并借助数轴直观形象的展示，帮助学生理解两个数互为相反数的几何意义，实现文字语言和符号语言的熟练转化，由具体到抽象，使学生对相反数的认识不再浮于形式，而是能进行多重符号化简和简单的分类讨论的练习，不断培养锻炼他们的抽象思维能力。

课前准备

教师：完成教学设计，制作教学课件。
学生：准备好课本、学具。

教学设计

课题名称	1.2.3 相反数		课型	新授课
教学目标	育人目标	通过对"相反意义"的理解渗透悦纳生活、理性宽容的品质。		
	知识目标	1. 借助数轴理解相反数的意义。 2. 掌握求有理数的相反数的方法,知道互为相反数的两个数在数轴上的位置关系。 3. 能根据相反数的意义进行多重符号的化简。		
	素养目标	培养符号意识和数感。		
教学重点		理解相反数的意义,掌握求有理数的相反数的方法。		
教学难点		根据相反数的意义进行多重符号的化简,培养符号意识和数感。		
教学过程设计				
环节设计		师生活动	设计意图	
1. 激趣引入 体验乐学。		【活动1】找朋友 下面 8 个数中有几对是好朋友,你能将它们找出来吗? $-1\frac{3}{4}$, $+2$, 0, -4.9, $+1\frac{3}{4}$, -2, 13%, $+4.9$ 问题:大家为什么觉得它们是"好朋友"? 追问1:××同学提出了一个新的概念——相反数,你知道什么叫相反数吗? 追问2:$+2$ 和 -4.9 的符号相反,它们互为相反数吗?为什么? 新知:只有符号不同的两个数叫做互为相反数。 教师提出问题,引导学生观察思考; 师生共同概括相反数的概念。	1. 创设情境,引出本节课的学习内容:相反数。 2. 教师适当引导,根据学生的回答进行追问,帮助学生通过观察发现相反数的特征,激发兴趣,培养思维严谨性。	

（续上表）

环节设计	师生活动	设计意图
2. 因势利导 循序勤学。	【活动2】练一练 完成课本 P10 练习1，判断下列说法是否正确并说明理由。 （1）-3 是相反数； （2）+3 是相反数； （3）3 是 -3 的相反数； （4）-3 与 +3 互为相反数。 问题： （1）3 是 -3 的相反数，你能不能换种说法？ （2）一个数的相反数用符号怎样表示？ （3）请写出 6，-8，0 的相反数，有没有同学会用符号正确表述？ 教师提出问题；学生思考作答。 师生归纳描述两个数互为相反数的三种说法。	1. 巩固学生对相反数概念的认识。强调相反数是两个数之间的关系，单独的一个数不能说是相反数。用字母表示任意的数 a，则数 a 的相反数是 $-a$。实现从具体到抽象，从特殊到一般。 2. 培养学生的符号意识和数感，体会符号语言的简洁性。
	【活动3】画一画 画出数轴并表示下列有理数： 问题： 互为相反数的两个数在数轴上对应的点在位置上有怎样的特点？ （到原点的距离相等，关于原点对称） 教师出示问题，学生作图。 教师层层设问，学生思考作答。 借助数轴，教师引导学生归纳总结互为相反数的两个数在数轴上对应的点在位置上的特点。	1. 学生动手画图，借助数轴，体现数形结合在解题中的应用。 2. 从简单问题入手，锻炼学生的观察能力。 3. 训练学生由特殊到一般，发现一般性结论。让学生获得成就感，树立数学自信。

（续上表）

环节设计	师生活动	设计意图
3. 设问引导阅读自学。	【活动4】阅读课本 阅读课本 P9~10 的内容，思考下面的问题： （1）数轴上，与原点距离是 2 的点有几个？这些点各表示哪些数？这些点表示的数有什么关系？ （2）设 a 是一个正数，数轴上与原点距离等于 a 的点有几个？这些点各表示哪些数？这些点表示的数有什么关系？ 教师提出问题，关注学生阅读情况，给予个别指导。 学生安静阅读，积极思考，做笔记。	培养学生的阅读习惯和独立思考能力，增强小组合作精神。
4. 解惑启发互动互学。	【活动5】问题探究 针对活动4中的问题，教师继续追问并引导学生思考。 教师根据学生的作答进行追问；学生思考作答。	先研究具体的数，从中发现规律，得出一般的结论。体现数学中从特殊到一般的思想方法。
5. 提炼指导建构善学。	【活动6】课堂练习：课本 P10 练习 2、3、4。 P10 练习 2：写出下列各数的相反数。 $6，-8，-3.9，\dfrac{5}{2}，-\dfrac{2}{11}，100，0$。 P10 练习 3：如果 $a=-a$，那么表示 a 的点在数轴上的什么位置？ P10 练习 4：化简下列各数。 $-(-68)，-(+0.75)，$ $-\left(-\dfrac{3}{5}\right)，-(+3.8)$。	1. 通过练习，巩固相反数的概念。 2. 题目分层设置，为不同层次的学生提供发展空间。 3. 将本节课的难点有目的分步骤地击破，便于学生理解和掌握。 4. 锻炼学生文字语言和符号语言的相互转化，并渗透分类讨论的思想方法。 5. 强调 a 可正、可负、可为零，再次体现分类讨论思想和思维的严谨性。

（续上表）

环节设计	师生活动	设计意图
5. 提炼指导 建构善学。	解题后的思考： 1. 正数的相反数是 _____。 2. 负数的相反数是 _____。 3. 0 的相反数是 _____。 4. a 的相反数是 _____。 5. "a 是一个正数"用符号语言怎样表示？ 6. $-a$ 一定是负数吗？ 学生独立完成，教师检查学生完成情况，个别指导。 师生共同探讨，将文字语言转化为符号语言： 当 $a>0$ 时，$-a<0$； 当 $a<0$ 时，$-a>0$； 当 $a=0$ 时，$-a=0$。 并由 "$a=-a$" 得到：相反数等于它本身的数是0。教师引导学生共同发现符号化简的规律：数字前面有偶数个负号，化简结果是它本身。数字前面有奇数个负号，化简结果是它的相反数。	6. 引导学生发现规律，得到多重符号的化简的一般性结论，锻炼学生从具体到抽象的思维能力和概括表达能力。
6. 评价鼓励 自评笃学。	【活动7】课堂小结 问题：回顾这节课的学习，你有哪些收获？ 学生畅所欲言；教师总结提升。	培养学生梳理知识的能力、归纳总结的能力，回顾这节课的学习重点和用到的分类讨论、数形结合、从特殊到一般的思想方法。
教学反思	内容反思： 由于上节课学生对于画数轴和用数轴上的点表示有理数这两方面的练习不充分，本节课在新知学习环节放慢了节奏。一方面给学生充分的时间作图，另一方面通过设计分数（小数）的相反数巩固学生对数轴上的点和数之间对应关系的理解。课堂效果较好，但这同时也影响了本节课的进度，所以在符号化简方面用时减少，同时教师受一部分思维较为敏捷的学生影响，错误地判断整体掌握的情况，通过作业发现，有三分之一的学生掌握得不理想，需要在上练习课时查漏补缺。	

（续上表）

环节设计	师生活动	设计意图
教学反思	育真反思： 相反数的概念不难理解，本节课设计的问题学生回答得也比较顺畅，一部分学生在学习的过程中显得有些浮躁，对概念的学习不求甚解。所以，本节课的问题设计可以提高一些难度，比如在进行分类讨论时，可以给更多的学生发表观点，从错误中发现思维的偏差，端正学习的态度。	

课题 5：绝对值

课标要求

【第三学段】

借助数轴理解绝对值的意义，掌握求有理数绝对值的方法，知道 $|a|$ 的含义（这里 a 表示有理数）。

教学内容分析

《绝对值》是人教版七年级上册第一章第二节中的内容。这节课教学的主要内容为绝对值的概念及其意义，掌握绝对值的相关性质，并能用符号语言来表示，即讨论 $|a|$ 与 a 之间的关系，同时借助数轴理解互为相反数的两个数的绝对值相等的结论。

在此之前学生已经学习了数轴和相反数，为学习本节内容提供了"形"的帮助，自然而然可继续渗透"数形结合"思想。此外，学习绝对值还为以后学习有理数的大小比较及有理数的运算作了一定的准备。有了绝对值的概念，就可以重新定义前面学习的相反数的概念，即"绝对值相等，符号相反的两个数互为相反数"，这一定义对相反数的概念把握得更准确（特别是 0 的相反数是 0），从而把相反数、绝对值统一纳入一个新的知识体系。绝对值是七年级教学的重点、难点和易错点，是后续加、减、乘、除、乘方运算的基础，因此学好绝对值对于整个初中教学起着至关重要的作用。所以，本节内容在《有理数》这一章中起着承上启下的作用。

学情分析

学生在学习本节课之前，已经接触了数轴，知道了相反数的定义，能够在数轴上用点来表示有理数，通过《新课程学习辅导》作业，也已经看到诸如"数轴上的一个点与原点的距离"的表达。在学习相反数的过程中，学生已经初步体会到了数形结合的思想方法，并且经历了观察、归纳、比较、交流等活动，解决了一些简单的现实问题，感受到了数学活动的趣味性，同时在以前的学习中学生已经经历了些许合作交流学习的过程，具有了一定的合作交流学习经验，具备了一定的合作交流学习能力。

课前准备

教师：完成教学设计，准备教学课件。
学生：准备课堂练习本和画图工具（如直尺等文具）。

教学设计

课题名称		1.2.4 绝对值	课型	新授课
教学目标	育人目标	丰富学生解决问题策略。		
	知识目标	1. 理解绝对值的概念，掌握绝对值的表示方法，理解绝对值的意义，熟练掌握求一个有理数的绝对值的方法。 2. 通过实例让学生经历绝对值概念的形成过程并让学生在这个过程中体会绝对值的意义。		
	素养目标	渗透数形结合的思想方法，培养学生的概括能力。		
教学重点		理解绝对值的意义，会求一个有理数的绝对值。		
教学难点		理解绝对值的代数意义和几何意义。		

（续上表）

教学过程设计		
环节设计	师生活动	设计意图
1. 激趣引入 体验乐学。	【活动1】汽车耗油量 问题：一辆汽车从 O 处出发，先向东行驶 10 千米，又向西行驶 10 千米后停止，这辆汽车停止在何处？如果每千米耗油 2 升，则汽车共耗油多少升？ 教师读题提问；学生思考作答。	汽车前后位置不变，但行驶产生了路程，故耗油。问题激发了学生兴趣，此后通过回忆数轴相关内容，引出绝对值概念。
2. 因势利导 循序勤学。	【活动2】温故知新 问题：对于绝对值这一概念，同学们有没有似曾相识的感觉？ 教师提出问题，引导学生回忆。让学生回忆所学知识中和绝对值定义相关的内容，得出结论：在学习数轴的时候，就已经接触了与绝对值有关的内容。从心理上降低学生对绝对值的陌生感，增强学生学习的自信心。	
3. 设问引导 阅读自学。	【活动3】阅读课本 阅读课本 P11 的内容，思考下面的问题： （1）一个数的绝对值有没有可能是负数？ （2）一个数的绝对值是 2，那么这个数一定是 2 吗？ （3）一个数的绝对值用符号怎样表示？ 教师出示问题，关注学生阅读情况，给予个别指导； 学生阅读，独立思考，做标记。	培养阅读习惯，思考绝对值的特征，了解绝对值的表示方法。

（续上表）

环节设计	师生活动	设计意图
4. 解惑启发 互动互学。	【活动4】问题探究 回答活动3中提出的3个问题。 教师提出问题并根据学生的回答进行追问； 学生思考作答。	1. 通过提问、追问等方式，加深学生对绝对值概念的理解。 2. 培养学生从定义出发思考问题的习惯。
5. 提炼指导 建构善学。	【活动5】课堂练习 完成课本P11练习1~3。 P11练习1：写出下列各数的绝对值。 6，-8，-3.9，$\dfrac{5}{2}$，$-\dfrac{1}{11}$，100，0。 P11练习2：判断下列说法是否正确。 （1）符号相反的数互为相反数； （2）一个数的绝对值越大，表示它的点在数轴上越靠右； （3）一个数的绝对值越大，表示它的点在数轴上离原点越远； （4）当$a \neq 0$时，$\lvert a \rvert$总是大于0。 P11练习3：判断下列各式是否正确。 （1）$\lvert 5 \rvert = \lvert -5 \rvert$； （2）$-\lvert 5 \rvert = \lvert -5 \rvert$； （3）$-5 = \lvert -5 \rvert$。 教师提问，学生板书，思考作答。	1. 教师通过提问引导学生发现板书的不足之处，然后继续追问，让学生在问题中思考并不断修正结果，最终能够正确地使用符号表述一个有理数的绝对值。 2. 引导学生观察等号左边绝对值里面的数和右边的结果，引导学生发现正数、负数、0的绝对值的特征，从而顺势总结得出这些关系的符号语言表示。 3. 通过P11练习2的判断，渗透数形结合思想、分类讨论思想。通过练习3加深学生对绝对值的理解，同时指导学生正确读出这些式子。

(续上表)

环节设计	师生活动	设计意图
6. 评价鼓励 自评笃学。	【活动6】课堂小结 问题：回顾这节课的学习，你有哪些收获？ 学生畅所欲言；教师总结提升。	回顾梳理本节课知识，将绝对值的知识和数轴、相反数建立横向联系，形成知识网络。
教学反思	内容反思： 本节课的任务比较重，一方面要承担学习巩固数轴和相反数的责任，另一方面绝对值的概念和符号表示本身对于学生而言都比较陌生，都有一定的接受困难，所以如何深入浅出是教师备课要重点思考的问题。在教学过程中，对绝对值的理解要紧紧抓住"距离"这个学生熟悉的概念，难点突破效果较好。 育真反思： 关于绝对值的符号，原计划是在课堂上经历一个探索的过程，让学生体会符号是一种替代，数学符号是对文字的一种替代，相比于文字表述，数学符号具有简约之美。在实际教学中，因为一部分学生已经知道了绝对值的符号，所以探索失去了实际意义。教学中不需要为了探索而探索。	

二、数与代数

(一)《数与式》的教学

初中数学包括四个方面的内容：数与代数、图形与几何、统计与概率、综合与实践。如果把数与代数比作一栋楼，那么数与式就是这栋楼的地基，方程、不等式和函数的学习都建立在数与式的基础之上，其重要性不言而喻。

就数和式而言，数是式的基础。学生对数的认识从正整数开始，随着0、分数、负数、无理数的加入，数的范围逐步扩大，初中阶段主要在实数范围内研究问题。

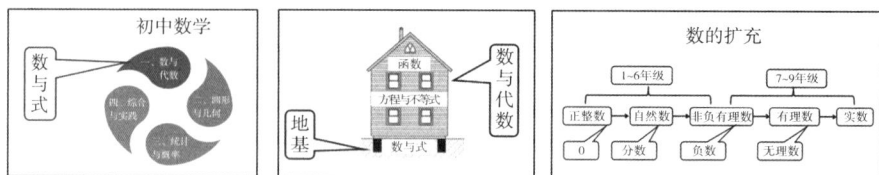

在数的学习中，要抓住四个关键点：

一是明确概念。每当学生学习一种新数，都要理解它的概念，熟悉它的表示方法，清楚和它有关的易错点。比如在无理数的概念中要抓住"无限"和"不循环"两个关键词。知道无理数的符号形式一般有三种：小数的形式、圆周率 π 的形式和带根号的形式。知道易错点：不是所有的无理数都带根号，也不是所有带根号的数都是无理数。

二是理解运算。在数的扩充过程中，遵循运算法则、运算律和运算顺序保持适用的原则。也就是说我们在小学阶段学的加、减、乘、除交换律、结合律、分配律在中学阶段仍然适用。如人教版七年级上册教科书第 33 页例 4，这道题可以先做括号内的加减混合运算，也可以先利用乘法分配律做乘法，再把所得的结果相加。解题思路和小学是相同的。

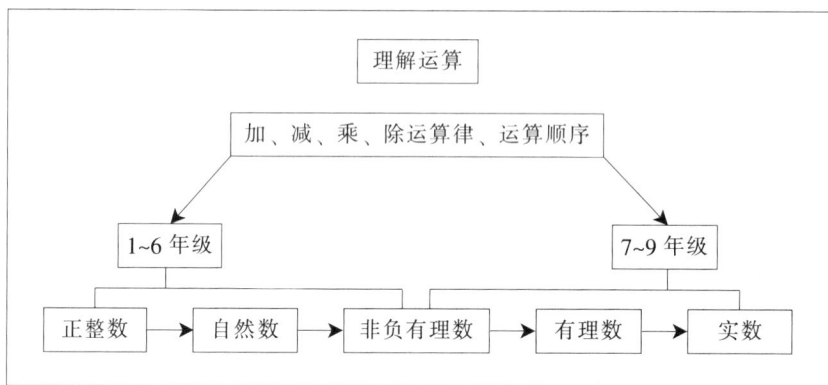

例 4　用两种方法计算 $\left(\dfrac{1}{4}+\dfrac{1}{6}-\dfrac{1}{2}\right)\times 12$

解法 1：$\left(\dfrac{1}{4}+\dfrac{1}{6}-\dfrac{1}{2}\right)\times 12$

$=\left(\dfrac{3}{12}+\dfrac{2}{12}-\dfrac{6}{12}\right)\times 12$

$=-\dfrac{1}{12}\times 12=-1$

解决 2：$\left(\dfrac{1}{4}+\dfrac{1}{6}-\dfrac{1}{2}\right)\times 12$

$=\dfrac{1}{4}\times 12+\dfrac{1}{6}\times 12-\dfrac{1}{2}\times 12$

$=3+2-6=-1$

三是建立联系。数的扩充具有连续性，所以在数的学习中要充分利用前后知识之间的联系，帮助学生更快地掌握新知，建构新的知识体系。比如在《有理数》一章中引入了一种新运算：乘方。乘方的定义是：求 n 个相同因数的积的运算。由此可见乘方可以看成特殊的乘法。它们之间是可以相互转化的。理解了这一点，不仅能够更快地接受乘方这样一种新运算，还为将来学习整数指数幂的性质打下坚实的基础。再比如引入负数后，数的运算增加了对符号的处理，所以和小学的运算相比，有理数运算的关键是正确处理符号。以人教版七年级上册教科书第 35 页例 7 第 1 题为例，先利用负负得正判断结果为正，问题就转化成利用小学知识即可解决的两数相除问题了。

一般地，对于任意底数 a 与任意正整数 m，n，

$a^m \cdot a^n = \underbrace{(a\cdot a\cdot\cdots\cdot a)}_{m\text{ 个 }a}\cdot\underbrace{(a\cdot a\cdot\cdots\cdot a)}_{n\text{ 个 }a}$

$=\underbrace{a\cdot a\cdot\cdots\cdot a}_{(m+n)\text{ 个 }a}=a^{m+n}$

因此，我们有

$$a^m \cdot a^n = a^{m+n}\ (m，n\text{ 都是正整数})$$

即同底数幂相乘，底数不变，指数相加。

例7 计算：

(1) $\left(-125\frac{5}{7}\right) \div (-5)$

解：$\left(-125\frac{5}{7}\right) \div (-5)$

$$= \left(125 + \frac{5}{7}\right) \times \frac{1}{5}$$

$$= 125 \times \frac{1}{5} + \frac{5}{7} \times \frac{1}{5}$$

$$= 25 + \frac{1}{7}$$

$$= 25\frac{1}{7}$$

四是感悟数学思想方法。在数的扩充中蕴含着丰富的数学思想方法。引入负数后以 0 为分界把有理数分为正有理数、0 和负有理数，不仅体现了分类思想，而且这一分类方法在数轴、相反数、绝对值的学习中得到及时的巩固和加强，在方程、不等式和函数的学习中也有着广泛的应用。引入无理数后，数轴上的点和实数形成一一对应关系，平面上的点和有序数形成一一对应关系，不仅体现了数形结合思想，更为函数、统计和图形的学习埋下了伏笔。

此外，将两个负数求和的问题转化成两个正数求和的问题，体现了转化思想，观察一组数的特点得出一般规律，体现了从特殊到一般的思想，等等。

把数的问题研究清楚了，从数到式只要理解好最关键的一步，后面的问题都可以迎刃而解。这关键的一步实际上学生在小学已经接触过，就是：用字母表示数。在式的学习中，同样要抓住四个关键点：

一是明确概念。对式的理解要抓住概念中对运算的规定。单项式是数与字母的乘积，多项式是单项式的和，单项式和多项式统称整式，所以整式可理解为是对数与表示数的字母做加、减、乘运算的结果。分式是整式相除的结果，为了与整式、分数区分开来，在分式的概念中特别强调分母即除数要含字母。二次根式是对整式和分式进行的开平方运算。代数式是用基本运算符号把数与表示数的字母连接起来的式子，这里的基本运算包括加、减、乘、除、乘方和开方。在分式和二次根式的定义中，教科书使用了形式加条件的定义方法。这种定义方法在函数概念学习中也会遇到。

名称	形式	条件
分式	$\dfrac{A}{B}$	A、B是整式，B中含字母
二次根式	$\sqrt{a}$	$a \geq 0$
一次函数	$y = kx + b$	k，b是常数，$k \neq 0$

二是理解运算。因为字母可以表示数，所以表示数的字母可以进行加、减、乘、除、乘方和开方运算。类似地，含有字母的式子，也就是代数式，可以用来表示数，也可以像数一样进行运算。而且式的运算都可以在数的运算中找到依据。如：单项式乘单项式是依据乘法交换律和结合律将式的运算转化成数的乘法和乘方运算；单项式乘多项式是利用乘法分配律转化为单项式乘单项式再把结果求和；多项式乘多项式是利用两次乘法分配律先转化成单项式乘多项式，再转化为单项式乘单项式，然后把所得的结果相加。理解了多项式乘多项式的法则后会发现完全平方公式和平方差公式是多项式乘多项式的两种特例，思维较好的学生完全可以通过自学掌握。再比如在整式的加减运算中，关键步骤是去括号、合并同类项，去括号、合并同类项的依据也都是乘法分配律。

三是建立联系。让我们再以一个具体的例子来感受分式、整式和数之间的亲密关系。

人教版八年级上册教科书第141页例8第（1）题：

$$计算：\left(m + 2 + \frac{5}{2 - m}\right) \cdot \frac{2m - 4}{3 - m}$$

这是一道分式混合运算，按照数的混合运算顺序，有括号应先做括号内的运算，但是问题来了，很多学生不知道如何处理括号内的 $m + 2$，对于这个问题的解决只要联想整数与分数的加法就能够找到答案，如 $2 + \dfrac{3}{5}$ 解法是把 2 看成 $\dfrac{2}{1}$，然后进行通分，类似地，可以把 $m + 2$ 看成 $\dfrac{m + 2}{1}$，然后和 $\dfrac{5}{2 - m}$ 进行通分即可得到 $\dfrac{(m + 2)(2 - m) + 5}{2 - m} \cdot \dfrac{2(m - 2)}{3 - m}$，进一步化简就可以得到结果：

$$\frac{9-m^2}{2-m} \cdot \frac{2(m-2)}{3-m} = -\frac{(3+m)(3-m)}{m-2} \cdot \frac{2(m-2)}{3-m} = -2\,(3+m) = -6-2m$$

　　这道题考查了通分、约分、因式分解和整式的乘法，看起来很复杂，但是如果细化到每一个小的知识点，就会发现其实很简单。有人说分式混合运算是初中阶段式运算中的最高境界，因为它可以涵盖对所有整式运算的考查。所以要掌握分式的混合运算，关键要过整式的运算关，而要过整式运算关，关键要打牢数的运算基础。分式的化简求值，表面上看考查的是分式运算，追本溯源，可以检验出学生对整式和数的掌握情况。

　　四是感悟数学思想方法。"数"与"式"是相通的，用字母表示数，开启了从数到式的第一步，体现了从特殊到一般的过程。给式的字母赋予定值，可以得到式所表示的数，体现了从一般到特殊的过程。由数的性质可推知式的性质，在数中运用的法则、性质，在式中同样能用。这种用数的运算所具有的性质，去探索式的同类运算是否也具有这样的性质叫做"数式通性"。"数式通性"是初中代数教学中的核心思想方法，也是推理和解题过程中非常重要的方法。把握"数式通性"实质上是将数的知识和方法通过类比迁移到对式的学习中，这里体现了数学中的类比思想。

　　在数和式的学习中，要紧紧抓住概念和运算法则，通过建立知识之间的联系，提升迁移能力。要高度重视数的地基作用，在代数学习的起步阶段埋下数学思想方法的种子。通过类比、迁移、转化等数学思想方法把知识和方法融会贯通，在提升运算能力的同时提升运算素养。数与式是学习方程、不等式和函数的基础。给式赋予定值，可推得字母表示的数，这是方程问题；给式设定取值范围，可推得字母的取值范围，这是不等式问题；设定式中的字母为变量，式表示的数随着字母的取值变化而变化，这是函数问题。我们常常在方程、不等式和函数问题中列出相应的式子却解不出正确的答案，这归根结底是数的运算问题。

（二）利用"整式"提高学生学习数学的能力

　　《整式的加减》是《数与代数》领域中的重要内容。其中体现了许多重要的数学思想和解题方法。通过本章的教学可以进一步提高学生学习数学的能力。

　　1. 认识整式的加减在数学学习中承前启后的重要作用，理解数学知识之间的相互联系以及数学与其他学科之间的联系。

　　数学知识具有严密的逻辑性，前后联系比较紧密。在小学学习用字母表示数时，学生的思维经历了一次从具体到抽象的飞跃。但是由于思维能力的局限，很多学生可能只是懵懵懂懂地接受了这个知识，并不能真正理解用字母表示数的意义及其重要作用。整式的加减是对用字母表示数的应用、延伸和发展。在单项式、多项式、整式的概念学习中引用大量生活中的例子，让学生进一步体会用字母可以表示数，用含字母的式子可以表示数量之间的关系，从而建立数学模型，解决生活中的问题。同时用含字母的式子表示数量之间的关系，也是学习下一章"利用一元一次方程解决实际问题"的基础。"整式的概念及其运算"不仅是学习分式和根式运算、方程以及函数等知识的重要基础，还是学习物理、化学等学科及其他科学技术不可缺少的工具。

2. 利用《整式的加减》中体现的数学思想和解题方法提高学生学习数学的能力。

充分利用原有的认知结构，在记忆中寻找"整式"的足迹。

（1）虽然在小学没有提及"整式"二字，但其实学生早已经使用它来解决问题了。如在行程问题中，用 $s=vt$ 表示路程、速度与时间之间的关系。其中等号左右两边的"s"和"vt"分别是一次单项式和二次单项式。又如梯形的面积公式 $s=\dfrac{(a+b)h}{2}$，等号左边的"s"是一个一次单项式，等号右边的"$\dfrac{(a+b)h}{2}$"是一个二次二项式。在熟悉的问题中认识整式的意义，可以达到温故而知新的效果，同时降低学生对新知的理解难度，更加自然地接受这一新概念。

（2）本章中的去括号法则的基本原理是小学所学的乘法分配律。

借助生活实践学习"整式"。

数学的特点是来源于生活，并应用于生活。这在《整式的加减》的学习中体现得尤为明显。本章的内容紧密结合实际问题展开，从单项式、多项式等概念的产生源于生活实际的需要，到合并同类项、去括号等法则的学习都离不开实际问题，目的是培养学生分析实际问题中的数量关系，列代数式表示这些数量关系的能力。如：利用生活中的购物问题学习单项式：一支钢笔5元，n 支钢笔所需钱数用"$5n$"来表示；利用顺流、逆流问题学习多项式：船在静水中的速度为每小时 a 千米，水流的速度为每小时 b 千米，则顺流时船的实际速度为每小时（$a+b$）千米，逆流时船的实际速度为每小时（$a-b$）千米。

生动而有趣的实际问题可以激发学生学习数学的积极性，降低对数学知识的理解难度，从而提高学习效率。同时为下一章"利用一元一次方程解决实际问题"打好基础。

在《整式的加减》中体会类比思想。

（1）类比是依据两个（或两类）不同对象间在某些属性上的相同或相似，将一个对象的特殊属性迁移到另一个对象上去，从而做出推测的逻辑推理方法。在学习《整式的加减》的过程中，应用式与数的类比可以将抽象问题具体化。如：在学习合并同类项时类比 3 个 2 加 4 个 2 等于 7 个 2，可得 3 个 a 加 4 个 a 得 7 个 a，即 $3a + 4a = 7a$。从而得到合并同类项的法则：①系数相加；②字母和指数不变。再如：去括号中类比数的运算，数的运算中去括号的方法在式的去括号运算中仍然成立，从而归纳出去括号时符号的变化规律。

（2）用字母可以表示数，用含字母的式可以表示数量和数量之间的关系。字母可以像数一样进行计算，同样整式也可以像数一样进行加、减、乘、除的运算。学习整式的加减运算的关键是要与数的运算做比较，类比数的加减运算法则和运算律来学习整式的加减运算，理解"数式通性"，体会类比的思想方法。利用关于数的分配律对式进行化简，体会由数到式、由具体到一般的思想方法。

（3）在教学多项式的概念时，与单项式的概念进行比较，单项式、多项式的项都有次数，要理解它们之间的联系与区别。多项式是几个单项式的和，多项式的项是单项式，对于每个单项式都有系数，因此，对多项式的每一项来讲也都有系数，但对常数项、多项式来说没有系数概念。通过比较两者之间的相同点和不同点，掌握两个概念之间的联系与区别，突出概念的本质，理解多项式的概念以及多项式的项和次数等概念。

在《整式的加减》中体会数形结合思想。

本章的学习中时常引用几何的例子，说明利用代数式可以表示与几何图形有关的数量关系，从而解决几何问题。如边长为 a 的正方体的表面积可以用"$6a^2$"表示，体积可以用"a^3"表示，长方形的长为 $(a + b)$，宽为 c，则面积可表示为"$(a + b) c$"。

在《整式的加减》中发展学生的发散思维，使学生学会从不同的角度思考问题。

如代数式 ab，可以从代数的角度理解它的意义：如一斤苹果 a 元钱，购买 b 斤苹果需要 ab 元。也可以从几何的角度理解它的意义：如长方形的长为 a，宽为 b，则面积可表示为 ab。通过将同一个式子赋予不同含义，可以进一步理解式子更具有一般性。

在《整式的加减》中提高学生观察、发现、探究的能力。

在单项式、多项式等概念的学习中，从实际出发，分析问题中的数量关系，列式表示这些数量关系，通过分析所列式子的共同特点，抽象概括出单项式、多项式的概念。在同类项的学习中，通过观察，发现同类项所要满足的两个要点：①所含字母相同；②相同字母的指数相同。

数学的学习不仅仅是获取知识，更重要的是获取解决问题的能力。教师可以充分利用整式的加减，培养学生分析问题、解决问题的能力，进一步体会几种重要的数学思想，如分类讨论思想、数形结合思想等，从而提高学生学习数学的能力。

（三）教学案例

课题名称	16.1 二次根式	课型	新授课
内容分析	本章是初中阶段"数与式"内容的最后一章。不仅承担二次根式的知识教学任务，也有整理"数与式"的内容、方法和基本思想的任务。因此，教学时要把握整体观，通过本章学习，使学生建立起比较完善的代数式及其运算的知识结构，并为勾股定理、一元二次方程、二次函数等内容的学习做好准备。 本章分三节讨论如何对数和字母开平方而得到的特殊式子——二次根式进行加、减、乘、除运算。本节课是第一节第一课时，主要研究二次根式的概念。根据人教版教科书给出的具体问题，增设情境，引导学生根据已学的算术平方根知识得出结果，并概括它们的共同特点，引出二次根式的概念。理解被开方数不能是负数的要求是理解二次根式概念的关键，通过复习平方根和算术平方根概念，在分析开方运算的意义中使学生认识被开方数为非负数的合理性。实际上，二次根式并不是一个全新的概念，二次根式是非负数的算术平方根的一般表示。二次根式作为一类特殊实数的一般形式，为学生进一步理解实数及其运算提供了载体。 "归纳法"是整个代数学的基本大法和基本功，归纳地探索、发现，归纳地定义，归纳地论证是解决代数问题的基本过程。从正数的算术平方根中归纳出研究对象二次根式，是对非负数进行开平方运算的一般化得到的运算结果。		

（续上表）

课题名称	16.1 二次根式	课型	新授课
学情分析	在七年级下学期《实数》一章中，借助完全平方数、完全立方数，学生学习了平方根、算术平方根、立方根的概念，学习了用根号表示数的平方根、算术平方根、立方根的方法，以及用平方运算与开平方运算的互逆关系，求非负数的平方根和算术平方根的方法。 由于在数学学习中存在个体差异性，加之符号"$\sqrt{\ }$"对学生而言比较陌生和抽象，所以部分学生对"数的开方运算及符号表示"还有些模糊。所以本节课设计从生活中比较简单的问题出发，让学生经历从生活中的问题抽象出数学问题的过程，再通过数和字母的变化，引出二次根式的概念，旨在以二次根式这一类典型的"式"为载体，引导学生进一步学习对数字、符号进行运算的方法，体会通过符号运算所得结果的一般性，培养学生的符号意识、数感和运算能力。		

教学目标	育人目标	设计真实有趣的生活背景，让学生在轻松的氛围里体验学习的快乐。
	知识目标	1. 能根据算术平方根的意义了解二次根式的概念，理解被开方数必须是非负数，会判断当字母取何值时二次根式在实数范围内有意义。 2. 通过用二次根式表示实际问题中的数量关系，体会研究二次根式的必要性。
	素养目标	进一步体会数式通性，培养符号意识和数感。

教学重点	二次根式的概念。
教学难点	理解被开方数必须是非负数。
教学方法	教师三段引导：　激趣 → 驱动 → 提炼 学生同步学习：　体验 → 生成 → 应用

（续上表）

课题名称	16.1 二次根式		课型	新授课
教学过程设计				
环节设计	师生活动		设计意图	
1. 激趣体验。	教师出示问题，适当引导学生作答并给予评价。 学生独立完成上述问题，必要时可以讨论。 教师的"激趣"体现在：选择学生有兴趣的生活情境，营造快乐的学习气氛。 学生的"体验"体现在：主动参与、积极思考、乐于表达。		1. 让学生在解决问题的过程中初步感知二次根式与实际生活的紧密联系，体会研究二次根式的必要性。 2. 经历从生活中的问题抽象出数学问题，再通过数和字母的变化，体会数学抽象、从特殊到一般、转化思想、模型思想。 3. 激发学生学习兴趣。	
2. 驱动生成。	第一步：观察—发现—归纳 教师提出问题，学生观察、思考、交流、作答。 教师的"驱动"体现在：抓准学生的最近发展区，设计问题引导学生思考。 学生的"生成"体现在：初步感知六个式子的共性。		1. 培养学生观察、发现、归纳和表达能力。 2. 培养符号意识和数感。	
	第二步：阅读—思考—讨论 教师出示问题，关注学生阅读情况，给予个别指导。 学生阅读、独立思考，如有需要可以讨论。 教师的"驱动"体现在：设计有梯度的问题引导学生思考。 学生的"生成"体现在：通过阅读解决问题。形成对二次根式的认识。		1. 培养阅读习惯，独立思考习惯。 2. 通过问题引导学生思考二次根式的意义，二次根式和算术平方根之间的关系。 3. 体会数式通性。	

（续上表）

环节设计	师生活动	设计意图
2. 驱动生成。	第三步：辨析—互动—建构 第 1 题：学生作答，教师适当引导。 第 2 题：学生作答，教师适当补充。 第 3 题：学生口述，教师板书。 第 4 题：学生作答，教师适当补充。 第 5 题：学生讨论作答，教师引导补充。 教师的"驱动"体现在：提出问题并根据学生的回答进行追问、启发和鼓励。 学生的"生成"体现在：明确二次根式概念的内涵和外延，生成新的知识结构。	1. 辨析二次根式的概念。 2. 加深对二次根式被开方数必须是非负数的理解。
3. 提炼应用。	教师引导学生小结，播放微视频。 学生共同总结，互相取长补短。 教师的"提炼"体现在： （1）归纳梳理，提炼数学思想方法。 （2）设计问题，提炼重点。 学生的"应用"体现在：应用新知解决问题，积累活动经验。	1. 培养学生的归纳总结能力。 2. 加深对本节课所学内容的理解。 3. 通过微视频对整章的知识结构进行介绍，提高学习兴趣。
备用题	若 $\sqrt{a+5}+\sqrt{5+b}=0$，求 $\sqrt{ab}$ 的值。	考查学生灵活运用知识的能力，为研究二次根式的性质做准备。

（续上表）

环节设计	师生活动	设计意图
教学反思	内容反思： 　　教学模式是在一定教学思想或教学理论指导下建立起来的较为稳定的教学活动结构框架和活动程序。虽教无定法，但教必有法，优秀的教学应该是由一系列科学的教学模式组合而成。这些教学模式适用于不同的教学目的，一经融合便形成了最具代表性的课程。 　　初中阶段关于式的概念和性质的教学内容具有整体性和连贯性的特点，在教法学法上具有相通性和可迁移性，如果能够借助一定的教学模式，不仅可以提高课堂教学效率，更有助于学生厘清数式之间、式式之间的关系。 　　"数式渐进三段导学"教学模式的指导思想是：以培养数学运算素养为核心，以理解式的概念和法则为基础，以引导和探究式的教学方法为工具，在最近发展区理论的指导下从对数的理解发展到对式的认知，循序渐进开展教与学的活动。 育真反思： 1. 二次根式并不是一个全新的概念，它是非负数的算术平方根概念的一般表示。为了帮助学生理解概念，教师找到概念的"生长点"（算术平方根）与"延伸点"（用字母表示数），将二次根式的概念和学生学习、生活经验相结合，引导学生通过观察、分析、抽象概括，理解概念的内涵和外延及其体现的数学思想。把概念置于整体知识的体系中，引导学生处理好局部和整体的关系，厘清相关概念之间的区别和联系，感受数学的整体性，正确把握知识的结构和体系。 2. 数学思想蕴含在数学知识形成、发展和应用的过程中，是数学知识和方法在更高层次上的抽象与概括。在二次根式概念教学中蕴含着丰富的数学思想。如：从生活情境到数学问题，体现数学抽象思想、模型思想和转化思想。从对数的研究到对式的研究体现数学抽象思想和从特殊到一般的思想方法。在解决问题的过程中，教师通过启发、引导、提炼，使学生对这些数学思想方法产生具体的理解和认识。 3. 数学活动经验的积累是提高学生数学素养的重要标志，需要在思考和解决问题的过程中积累沉淀。本节课教学内容的核心是以二次根式这一特殊的"式"为载体，通过解决问题的方式引导学生体会运算在代数中的核心地位。如：在引入环节设计"从生活问题到数学问题"，积累数学建模的经验。设计从数到式的变式练习，积累数学抽象的经验。	

（续上表）

环节设计	师生活动	设计意图
教学反思	4. 从数到式的过程是学生进一步理解数和数量关系，体会数式通性的过程，是用于培养数感的最佳时机。本节课从数的开方运算到式的开方运算，逐步引导学生体会式是表示数和数量关系的一种形式，用式表示数和数量关系更具一般性。类似地，单项式、多项式的概念教学可类比数的乘法和加法运算，分式的概念教学可类比数的除法和分数的概念。	

课题名称	一元二次方程的应用	课型	复习课
内容分析	本节课的重点是复习应用一元二次方程分析和解决实际问题。其一般步骤与建立一元一次方程、二元一次方程组、分式方程解决实际问题相同，都是审、设、列、解、检、答。不同之处在于题目中的数量关系更复杂一些，所列方程形式不同。 　　关于一元二次方程的实际问题主要有增长率问题、矩形面积问题、比赛（握手）问题、销售利润问题、传播问题等。以这些问题为背景列出的方程通常含有两个一次整式的乘积，其原因是此类问题基本的数量关系中含有乘法，所以解决实际问题的关键是正确分析问题中的数量关系，找出可以作为列方程依据的主要相等关系，建立一元二次方程模型。		
学情分析	学生已经学习了一元一次方程（七年级上）、二元一次方程组（七年级下）、分式方程（八年级上）、一元二次方程（九年级上）的解法和实际应用。知道方程是初中数学中最重要的数学模型之一，有丰富的实际背景。通过建立方程解决实际问题，深入地体会数学与现实世界的联系。具有一定的用数学模型解释现实问题的经验和能力。应用意识、分析问题和解决问题的能力得到了一定的发展。		

（续上表）

课题名称		一元二次方程的应用		课型	复习课
教学目标	育人目标	培养学生迎难而上和互帮互助的品质。			
	知识目标	1. 知道建立一元二次方程模型解决实际问题的一般步骤和几种常见的问题背景。 2. 能根据题意建立一元二次方程模型解决实际问题。			
	素养目标	培养学生的归纳总结能力，加强模型思想。			
教学重点		正确分析问题中的数量关系，找出可以作为列方程依据的主要相等关系，建立一元二次方程模型。			
教学难点		归纳总结能力的培养。			
教学方法		教法：讲练结合，启发引导。 学法：独立思考，合作讨论。			
教学过程设计					
环节设计		师生活动		设计意图	
1. 复习引入。		教师提出问题：关于列一元二次方程解应用题你能回忆起哪些知识或方法？ 学生：回忆作答。		了解学生对列一元二次方程解应用题掌握的真实情况。	
2. 知识梳理。		教师：播放课前准备的微视频。 学生：观看思考。		1. 将一元二次方程的应用进行梳理，让学生有一个整体的认识。 2. 利用微视频的方式激发学生的兴趣。	

（续上表）

环节设计	师生活动	设计意图
3. 基础训练。	教师提出问题： （1）有 5 人患了红眼病，经过两轮传染后共有 245 人患了红眼病，设每轮传染中平均一个人传染了 x 个人，则下列方程正确的是（ ） A. $5(1+2x)=245$ B. $5+2x=245$ C. $245(1+x)^2=5$ D. $5(1+x)^2=245$ （2）如图，在长为 32m，宽为 20m 的矩形空地内，修三条同宽的矩形道路（阴影部分），所修道路将空地分成六块，如果在这六块空地上种花草，且种花草的面积是 570m²，设道路的宽为 xm，则下列方程正确的是（ ） A. $(32-x)(20-x)=570$ B. $(32-2x)(20-x)=570$ C. $32x+2\times20x=32\times50-570$ D. $32x+2\times20x-2x^2=570$ 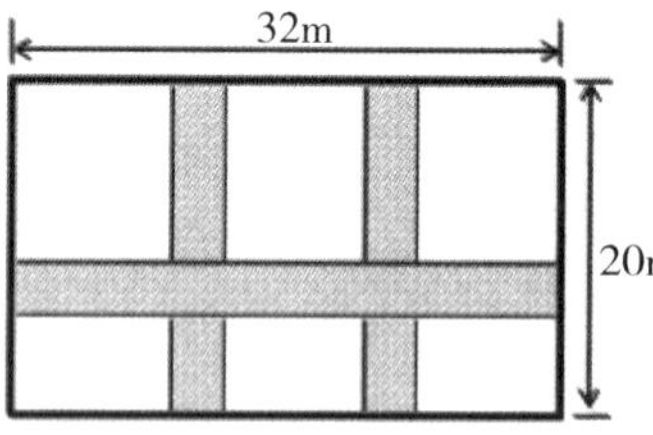 	1. 通过传播问题、矩形面积问题、比赛（握手）问题的复习夯实基础。 2. 给学生足够的时间独立思考、作答、交流。

（续上表）

环节设计	师生活动	设计意图
3. 基础训练。	（3）有 x 支球队参加篮球比赛，共比 45 场，每两队之间都比赛一场，则下列方程正确的是（　　） A. $\dfrac{x(x-1)}{2}=45$ B. $\dfrac{x(x+1)}{2}=45$ C. $x(x-1)=45$ D. $x(x+1)=45$ 学生：独立思考作答。	
4. 实际应用。	教师提出问题： （1）香市中学要建一个矩形花圃，花圃一边利用长为 12m 的墙，另一边用 26m 长的篱笆围成，花圃面积为 80^2 m，小明画出如下设计图，请你计算出与墙垂直的一边篱笆围墙的长度。 墙 （2）五月，花圃里开满了美丽的康乃馨，香市中学初三（11）班的同学将美丽的鲜花做成精美的花篮拿到花市卖，并将所得利润全部捐给希望工程。若每个花篮的成本为 40 元，当售价为 70 元一个时，每天可卖出 20 个；经市场调查：每降价 1 元，每天可多卖出 2 个。要使每天的利润为 750 元，应降价多少元？	1. 通过矩形面积问题，销售利润问题和增长率问题的复习突出重点。 2. 给学生足够的时间独立思考、作答、交流。 3. 教师根据学生的课堂表现给予及时的引导。

（续上表）

环节设计	师生活动	设计意图
4. 实际应用。	（3）第一年义卖所得利润为 750 元，第三年义卖所得利润是 1080 元，若第二年、第三年获得的利润增长率相同，求利润增长率。 学生：独立思考作答后讨论交流。	
5. 拓展提升。	教师在上一环节的基础上设计变式练习： 1. 设计图纸可变化如下： 2. 问题设计可变化如下： （1）若每个花篮的成本为 40 元，当售价为 70 元一个时，每天可卖出 20 个；经市场调查：每降价 1 元，每天可多卖出 2 个。要使每天的利润为 750 元，又要使顾客得到最大的优惠，应降价多少元？ （2）若每个花篮的成本为 40 元，当售价为 70 元一个时，每天可卖出 20 个；经市场调查：每降价 0.5 元，每天可多卖出 2 个。要使每天的利润为 750 元，应降价多少元？ （3）若每个花篮的成本为 40 元，当售价为 70 元一个时，每天可卖出 20 个；经市场调查：每降价 1 元，每天可多卖出 2 个。要使每天的利润最大应降价多少元？	1. 拓宽学生思维，提升应变能力。 2. 培养学生迎难而上和互帮互助的品质。

（续上表）

环节设计	师生活动	设计意图
5. 拓展提升。	3. 题目条件可变化如下： 第一年义卖所得利润为 750 元，前三年义卖所得总利润是 2730 元，若第二年、第三年获得的利润增长率相同，求利润增长率。 学生：思考作答必要时可讨论交流。	
6. 课堂小结。	教师提出问题：本节课你有哪些收获？根据学生的作答进一步梳理、提炼。 学生：思考作答。	1. 培养学生归纳总结的习惯。 2. 加深学生对本节课的知识、方法、数学思想方面的理解。
备用题	1. 某树主干长出若干数目的枝干，每个枝干又长出同样数目的小分支，主干、枝干和小分枝总数为 31。若设主干长出 x 个枝干，则可列方程_____。 2. 2017 年我省某市的国税收入较 2015 年增长 44%，设该市国税收入的年平均增长率为 x，则可得方程_____。	给学有余力的学生提供思考的方向。
教学反思	信息技术应用创新点： 1. 制作微视频对知识进行梳理，克服教师单一讲述和现场板书的局限性，增强趣味性，提升学生学习积极性。 2. 分析图形问题时利用动画显示图形的变化过程更加直观，易于理解。课前，中山市教育教学研究室周曙老师提醒我要关注学生的基础。我觉得这节课的几个环节设计弹性都比较大，可以根据学生的实际情况决定引导还是放手，详讲或是略讲。但是课堂推进仍然出现阻碍，学生基础之薄弱完全超出我的预设，主要表现在： (1) 在知识回顾环节，对所学的知识无从想起，连最起码的列方程解应用题的一般步骤都说不出来。	

（续上表）

环节设计	师生活动	设计意图
教学反思	（2）对常见问题中的基本数量关系不了解，不知道售价、进价和利润之间的关系。 （3）不会解一元二次方程，实际应用环节的第 1 题全班只有 4 个人能够正确求出方程的解。 教学机制： 1. 发现学生的理解误区，通过追问引导学生正确理解。 基础训练环节第 1 题有三分之一以上的学生选了答案 A，从形式上来看，A 选项和正确答案 D 选项只差一个对数字 2 的位置处理，而实质上学生没有理解新增人数、传染前人数和传染速度之间的关系。我从假设传染前人数为 1 开始，逐步加深，引导学生正确理解，虽然用时较长，但起到了查漏补缺的目的。 2. 根据学生实际情况，果断调整教学设计。 在实际应用环节，发现学生不会解方程，而本节课不适合详细回顾方程的解法，所以我临时决定将后面的解答题改为只列方程不求解，解决了时间不够的问题，基本完成预期的进度。 育真思考： 1. 对学情预设不充分，基础训练环节第 1 题的难度稍高。 2. 课前缺乏沟通。课后我与学生交流得知他们近段时间在复习几何，所以对方程的解法感到很生疏。如果在此之前我主动和该班的任课老师沟通，在复习一元二次方程的应用之前先复习方程的解法，学生在解方程环节就会更加顺畅一些。 3. 以学定教，顺学而教。适合学生的教学设计才是成功的设计，学生有收获的课堂教学才是有效的教学。在课堂教学中教师不能守着课前准备的教学设计生搬硬套，要根据学生的反应随时调整，灵活应变。	

课题名称	22.1.4 二次函数 $y = ax^2 + bx + c$ 的图像和性质	课型	新授课
内容分析	本节课是人教版九年级上册第二十二章《二次函数》第二节的内容，是《二次函数的图像与性质》的第四课时，主要内容是利用配方法将二次函数 $y = ax^2 + bx + c$ 化为 $y = a\,(x-h)^2 + k$ 的形式，并能由此得到二次函数图像的对称轴和顶点坐标。这一节课主要采用了由一般到特殊的研究方法，培养学生对已有知识和方法的迁移能力，渗透了数学中的化归思想。		

（续上表）

课题名称	22.1.4 二次函数 $y = ax^2 + bx + c$ 的图像和性质	课型	新授课
学情分析	在前面几节课中，学生先后学习了二次函数 $y = ax^2$，$y = ax^2 + k$，$y = a(x-h)^2$，以及 $y = a(x-h)^2 + k$ 的图像和性质，知道由 $y = a(x-h)^2 + k$ 的形式可以得到函数图像的对称轴和顶点坐标。在《一元二次方程》一章的学习中，学生已经对配方法有了初步的了解，对从特殊到一般的研究方法和化归思想也有了一定的认识。		

教学目标	育人目标	通过推理意识的培养，养成讲道理、有条理的思维习惯。
	知识目标	1. 会用配方法将数字系数的二次函数的表达式化为 $y = a(x-h)^2 + k$ 的形式并能由此得到二次函数图像的对称轴和顶点坐标。 2. 能解决简单实际问题。
	素养目标	运算能力：根据法则和运算律进行正确运算的能力。 推理能力：通过法则运用，体验数学从一般到特殊的论证过程。

教学重点	会用配方法将数字系数的二次函数的表达式化为 $y = a(x-h)^2 + k$ 的形式并能由此得到二次函数图像的对称轴和顶点坐标。
教学难点	会用配方法将字母系数的二次函数的表达式化为 $y = a(x-h)^2 + k$ 的形式。
教学方法	从特殊到一般，从一般到特殊。

教学过程设计		
环节设计	师生活动	设计意图
1. 复习引入。	教师：提出问题，引导学生回忆根据顶点式得到对称轴和顶点坐标的方法。 问题1：二次函数 $y = 2(x-2)^2 - 1$ 的开口_____，对称轴是_____，顶点坐标_____。 学生：独立思考、作答。	1. 通过问题形式回顾旧知，加深学生对顶点式的认识，为下一步研究一般式做铺垫。 2. 独立作答促进学生独立思考。

（续上表）

环节设计	师生活动	设计意图
2. 新知学习。	教师提出问题2：你能确定二次函数的对称轴和顶点坐标吗？ 学生观察、思考发现：等号右边可以通过添加常数项的方法配成完全平方。 如果学生想得到，就由学生口述，教师利用幻灯片展示解题过程。 如果学生想不到，教师则追问： （1）有没有办法将函数的形式转化为顶点式呢？ （2）等号右边有一个二次项、一个一次项，怎样可以出现完全平方的形式呢？ 教师提出问题3：你能确定二次函数 $y = 2x^2 - 8x + 7$ 的对称轴和顶点坐标吗？ 学生观察、思考发现：可以将二次项系数提出来。 如果学生想得到，就由学生上讲台板演。 如果学生想不到教师就追问：二次项系数不为1给配方带来了困难，我们可以怎样将二次项系数化为1呢？ 如果有学生提出两边同除，则教师追问：我们要保持等号左边 y 的系数不变，可以怎么办呢？ 学生完成问题3后，教师再提出问题4：你能确定二次函数 $y = -5x^2 + 80x - 319$ 的对称轴和顶点坐标吗？	1. 设计一个二次项系数为1、一次项系数为偶数、常数项为0的二次函数解析式，降低观察的难度，比较容易得出在等号右边同时加1减1，实现既不改变相等关系，又能够得到一个完全平方式 $(x+1)^2$。 2. 根据学生认知水平循序渐进。 1. 这一环节是这节课的重点也是难点，是学生理解将一般式转化成顶点式的关键环节，教师要引导学生想清楚，算准确。 2. 分析了解决问题的方法后，由学生动手实践，做得快的学生完成问题3后，教师即可给出问题4。这样就可以兼顾不同层次的学生，又可以提高课堂效率。

（续上表）

环节设计	师生活动	设计意图
2. 新知学习。	学生独立解决问题4。 教师提出问题5：你能归纳出将二次函数一般式化为顶点式的一般步骤吗？ 学生观察、思考发现：等号右边可以通过添加常数项的方法配成完全平方式。 教师引导学生观察问题3和问题4的解答过程，归纳出由一般式转化为顶点式的一般步骤。	由学生归纳步骤和易错点，学生对方法的理解更加深刻。
3. 应用提升。	教师提出问题6：如下图所示，桥梁的两条钢缆具有相同的抛物线形状，而且左、右两条抛物线关于 y 轴对称。按照图中的直角坐标系，左面的一条抛物线可以用 $y = \dfrac{9}{400}x^2 + \dfrac{9}{10}x + 10$ 表示。 （1）钢缆的最低点到桥面的距离是多少？ （2）两条钢缆最低点之间的距离是多少？ 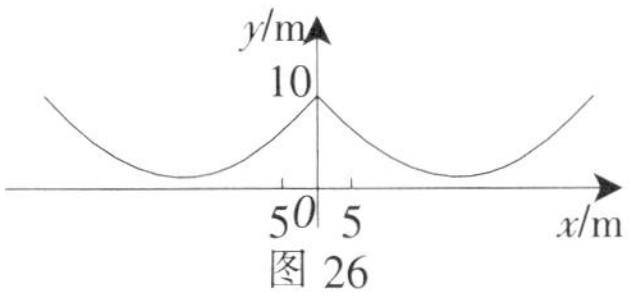 y/m 10 $5\ 0\ 5$　x/m 图26 有思路的学生独立完成，没有思路的学生在教师引导下完成： （1）钢缆的最低点是抛物线的哪个点？ （2）如何求左边抛物线的顶点坐标？	这道题阅读量大，图形复杂，自变量系数是分数，对于中等及中等以下的学生来讲，理解和计算都有困难。但是它实质上就是考查了求抛物线的顶点坐标，思维含量并不高，对于思维好的学生而言没有难度。所以这道题的设计是对一部分学生放手，对另一部分独立完成有困难的学生通过问题进行引导。

（续上表）

环节设计	师生活动	设计意图
3. 应用提升。	（3）如何求右边抛物线的顶点坐标？ （4）两条钢缆最低点之间的距离和两条抛物线的顶点有什么关系？ 教师提出问题 7：求二次函数 $y = ax^2 + bx + c$ 的对称轴和顶点坐标。 学生思考口述作答，教师板书。	含字母系数的一般式向顶点式的转化，难度进一步加大。这一环节的设计主要是让学生进一步体会从特殊到一般的方法。
4. 课堂小结。	教师提出问题：本节课你有哪些收获，在学生作答后给予补充和提炼。 学生思考作答。	培养学生归纳总结的习惯，加深学生对本节课的知识、方法、数学思想方面的理解。
5. 课后思考。	教师提出问题：二次函数 $y = x^2 - 2x + 1$ 的图像向上平移 2 个单位长度，再向左平移 3 个单位长度，得到抛物线 $y = x^2 + bx + c$，求 b、c 的值，并求出这条抛物线的开口方向、对称轴和顶点坐标，必要时画草图进行验证。 学生课后思考。	1. 为学有余力的学生提供思考方向。 2. 激发学生学习兴趣。
教学反思	内容反思： 1. 紧扣课标要求，大胆处理教材，通过问题引导学生独立思考，层层深入。 2. 问题设计由易到难，由浅入深，成功刺激学生的兴奋点。 3. 从第 3 个问题开始，每一题都有 "陷阱"，都有学生出错，使学生既充满信心，又不敢大意。 4. 问题设计台阶可以稍微提高一些，可增设一个对如 $y = 3(2x - 1)(2 - x)$ 的研究。	

(续上表)

环节设计	师生活动	设计意图
教学反思	5. 在解决应用问题时，学生提出了几个问题，教师直接给出答案，这里可以将问题转抛给学生，让学生体验发现问题、解决问题的成功感。 育真思考： 　　发现用配方法可以将二次函数 $y = ax^2 + bx + c$ 化为 $y = a(x - h)^2 + k$ 是这节课的难点，由于学生课前进行了预习，所以这个难点不攻自破。虽然这使得课堂显得更加顺畅了，但是学生失去了一次获得"直接经验"的机会，从思维提升的角度而言，是有些遗憾的。	

三、图形教学

(一)《相交线与平行线》的学习

知识的产生和发展具有一定的顺序，学生对知识的学习也应遵循一定的顺序，并建立前后知识之间的联系，才能形成融会贯通的知识网络和清晰稳固的知识体系。在第四章《几何图形初步》中，学生认识了点、线、面、体和它们之间的关系，学习了关于直线、射线、线段和角的知识，知道了角这一图形和点、射线、线段有着千丝万缕的联系。从定义上看，角是由有公共端点的两条射线组成的图形，从研究方法上看，角和线段有着许多相似之处。在此基础上，进行第五章《相交线与平行线》的学习，在学习这一章时，需要联系上一章的内容，才能更清晰地理解新的知识。即：前后联系，形成知识体系；循序渐进，逐步突破难点；对比思考，感悟数学方法。

由易到难，由一般到特殊是研究这一章的重要方法。所以本章从两条直线相交开始研究。两条直线相交，形成一个交点，四条以交点为端点的射线，这四条射线两两组合形成四个角。研究四个角的位置关系，得到邻补角和对顶角的概念，研究四个角的数量关系得到互为邻补角的两个角相加等于180°，互为对顶角的两个角数量相等的结论。特别是，当其中有一个角是直角时，这两条直线形成互相垂直的位置关系。接着引出与垂直有关的知识，如垂直、垂线、垂足、点到直线的距离等概念，垂直的符号表示，以及两个基本事实：在同一平面内，过一点有且只有一条直线与已知直线垂直；连接直线外一点与直线上各点的所有线段中，垂线段最短。点到直线的距离，即直线外一点到这条直线的垂线段的长度。由此可见点到直线的距离可转化为点与点的距离。

学习了两条直线相交的情况之后，继续研究两条直线被第三条直线所截的情况，观察图形可以看到，有两个交点、八条以交点为端点的射线，有公共端点的射线两两组合共形成八个角，即我们所讲的三线八角。研究八个角的位置关系，除已经研究过的对顶角和邻补角外，还有同位角、内错角和同旁内角。当它们满足特殊的数量关系时，即同位角相等、内错角相等或同旁内角互补，两条被截的直线出现互相平行的位置关系。接着引出与平行有关的知识，如：平行的定义及符号表示、平行的性质、平行的判定、平行公理及推论、命题、真命题、假命题、定理和证明等概念。

图形的变化是"图形与几何"领域中一个重要的内容，通过将图形的平移、旋转、折叠等，使图形动起来，有助于学生发现图形在运动变化的过程中不变的几何性质，因此图形的变化是研究几何问题、发现几何结论的有效工具。平移是一种基本的图形变化，也是本套教科书引进的第一个图形变化。教科书将"平移"安排在本章最后一节，一方面是将其作为平行线的一个应用，另一方面是为了渗透图形变化的思想，使学生尽早接触利用平移分析和解决问题的方法，与平移有关的知识是平移的定义和性质。

通过对这些知识的学习，我们会发现，知识和知识之间是相互联系的。在学习的过程中，不要孤立地去思考和记忆某个概念或定理，而是要了解与它相关的前后知识，理解它们之间是如何相互影响、相互作用的，这样不仅有利于掌握新知，建构新的知识体系，还可以帮助学生巩固旧知，并为以后的学习奠定基础。

本章的重点是垂线的概念与平行的判定和性质，因为这些知识是"图形与几何"领域的基础知识，在以后的学习中经常要用到，所以如果这部分内容掌握不好，将会影响后续内容的学习。而学好这部分的关键是理解与相交线、平行线有关的角的知识，因为直线的位置关系是通过有关的角的知识反映出来的。

在《几何图形初步》中，学生已经接触了简单说理，这一章，除了要学习数学知识以外，还要通过一些技能的学习提升解决问题的能力。既有几何语言、图形方面的，也有说理、推理方面的。这些内容，都是进一步学习空间与图形知识的基础，可以按照由简单到复杂、由模仿到独立操作的顺序，逐步提高。如：教材第2页倒数第二段的描述是：∠1 与∠2 互补，∠3 与∠2 互补，由"同角的补角相等"，可以得出∠1 = ∠3。这就是一个用文字语言叙述的说理过程。教材第3页第2行的描述是：因为∠1 与∠2 互补，∠3 与∠2 互补（邻补角的定义），所以∠1 = ∠3（同角的补角相等）。这是一个简单的推理过程，括号里的内容表示推理的依据。学生需要明白思考问题的过程，即"由什么条件""根据什么道理""得出什么结果"。这看似简单，但由于学生对推理还比较陌生，所以可能会有无从下手的感觉。这时候需要提醒学生不必因此过于紧张，本章对于推理的要求处在初级阶段，在学习中，可以按照"说点儿理""说理""简单推理""用符号表示推理"等不同层次，分阶段逐步加深，使学生逐步养成言之有据的习惯。在这个过程中，学生要主动地用自己的语言说明理由，开始的时候，表达形式可以多样化，可以用生活中的语言描述，可以结合图形进行说明，可以用箭头等形式来表明自己的思路，也可以用数学符号语言表示简单说理、推理的过程。经历了推理的过程，才能感受到推理论证的作用，使说理、推理作为观察、实验、探究得出结论的自然延续，循序渐进地提高自己的推理能力。

"相交线与平行线"是"图形与几何"领域的基础内容，对这部分内容的研究也包含了研究几何图形的基本内容、思路和方法。如：让学生观察实物、模型和图形，通过观察、测量、实验、归纳、对比、类比等方法来寻找图形中的位置关系和数量关系，从而发现图形的性质，然后通过"推理"获得数学结论的方法。例如，对"对顶角相等"这一性质的学习，教材首先设置一个"探究"栏目，让学生度量两条相交直线所形成的角的大小，通过充分讨论，探究发现"对顶角相等"这个结论，再对这个结论进行说理，这是将实验几何与论证几何相结合。这一设计是为了让学生经历几何问题研究的过程，知道研究几何问题的一般方法，培养探究能力和探究意识。

有的学生课前通过预习已经知道了结论，对探究活动就失去了兴趣；有的学生懒于动手，凭感觉随便说一个结论，就进入下一个环节，使探究流于形式；更有的学生只是被动地看和听，没有经过独立思考，当然体会不到探究的意义。这些做法，在对简单知识的理解和应用中，可能显现不出严重的问题，但是遇到一些完全陌生的、难度较大的问题时，这部分学生就会感到束手无措了。所以，需要提醒学生无论是课前的预习还是课上的学习，在探究环节都要全身心地去体验，重走科学家的发现之路，才能够体会到看似简单的结论，其最初的发现和论证也是非常伟大和艰难的。

"图形的性质和判定"是研究几何图形的基本问题。本章重点研究的是相交线的性质、垂直、平行的判定和性质。为了更好地让学生认识什么是"性质"，什么是"判定"，教材在第 34 页的小结部分对此专门做了阐述：即"图形的判定"讨论的是确定某种图形需要什么条件。如两条直线与第三条直线相交，具备"同位角相等"，就有"两条直线平行"。"图形的性质"讨论的是这类图形有怎样的共同特征，如两条直线只要平行，它们被第三条直线所截，就一定有同位角相等。另外，在很多情况下，图形的判定与性质具有互逆的关系。如，教科书在"平行线的性质"一节的开头，提出"利用同位角相等，或者内错角相等，或者同旁内角互补，可以判定两条直线平行。反过来，如果两条直线平行，同位角、内错角、同旁内角又各有什么关系呢？这就是我们下面要学习的平行线的性质"，这种从已知定理的逆命题出发进行探究的方法，也是研究三角形和特殊四边形的重要方法。

在"相交线"一节，从"两条直线相交"到"两条直线被第三条直线所截"，都是研究它们所成的角的关系。通过"根据结构特征对这些角进行分类"，得到了对顶角、邻补角、三线八角。垂直是两条直线相交的特殊情形，两条平行线被第三条直线所截是三条直线相交的特殊情形，这些特殊情形不仅在后续的几何图形研究中起着重要的作用，而且在生活中也有着广泛的应用，这也是我们研究"特例"的重要原因。这些思路和方法也都是几何研究的重要内容和方法。

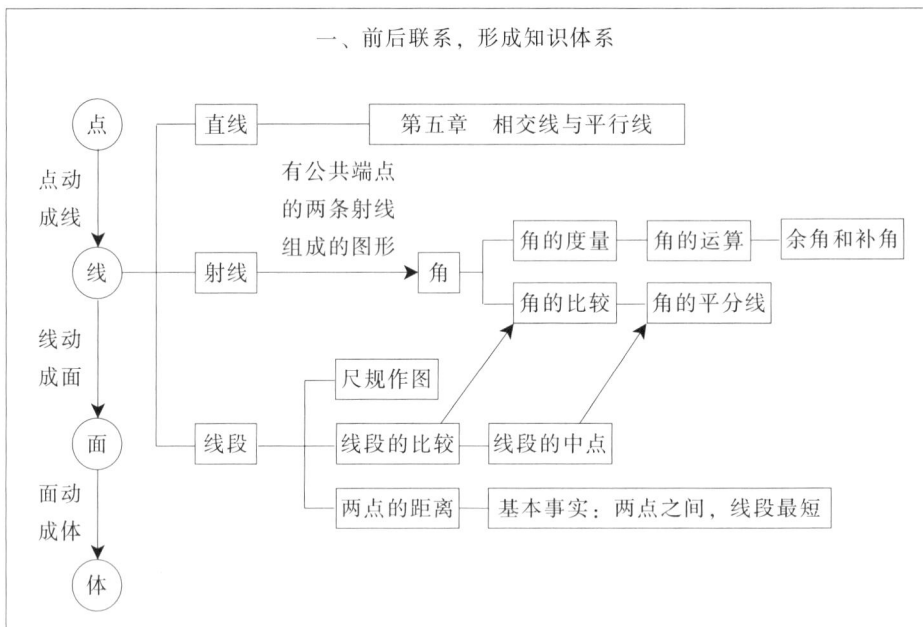

一、前后联系，形成知识体系

一、前后联系，形成知识体系

图形的变化

```
┌─────────┐  ┌─────────┐
│ 平行线  │  │ 平移的定 │
│ 的应用  │  │ 义和性质 │
└────┬────┘  └────┬────┘
     └──┐  ┌──────┘
      ┌─▼──▼─┐   ┌────────┐   ┌────────┐   ┌──────────────┐
      │ 平移 │   │ 轴对称 │   │  旋转  │   │  相似和投影   │
      └──┬───┘   └───┬────┘   └───┬────┘   └──────┬───────┘
         │           │            │               │
─────────┼───────────┼────────────┼───────────────┼──────────────►
      七年级下     八年级上     九年级上        九年级下
```

一、前后联系，形成知识体系

联系 旧知	点 射线 角 点与点的距离	对顶角和邻补角

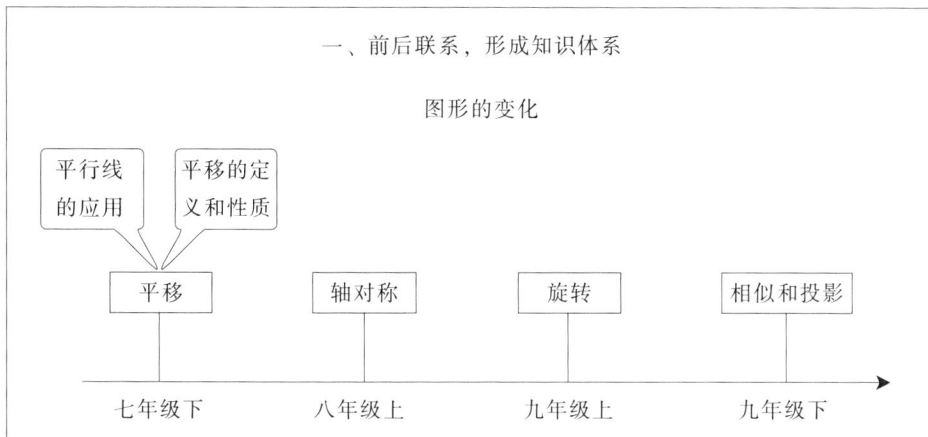

两条直线相交 → 两条直线被第三条直线所截

学习 新知	邻补角 ∠1+∠2=180° 对顶角 ∠1=∠3	同位角 如：∠1 和 ∠5 内错角 如：∠3 和 ∠5 同旁内角 如：∠4 和 ∠5

特殊 情形		

二、循序渐进，逐步突破难点

说理

在右图中，∠1 与∠2 互补，∠3 与∠2 互补，由 "同角的补角相等"，可以得出∠1=∠3。

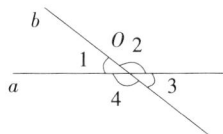

因为∠1 与∠2 互补，∠3 与∠2 互补（邻补角的定义），所以∠1=∠3（同角的补角相等）。

推理

三、对比思考，感悟数学方法

平行线的判断

同位角相等，两条直线平行。
内错角相等，两条直线平行。
同旁内角互补，两条直线平行。

↔

平行线的性质

两条直线平行，同位角相等。
两条直线平行，内错角相等。
两条直线平行，同旁内角互补。

三、对比思考，感悟数学方法

特例研究

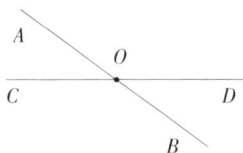

→

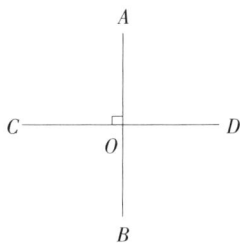

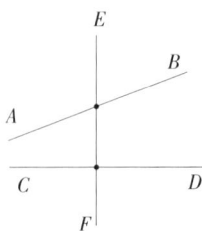

→

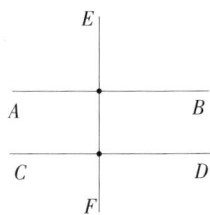

三、对比思考，感悟数学方法

观察实物 → 观察图形 → 发现性质 → 推理论证 → 得出结论

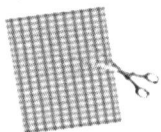 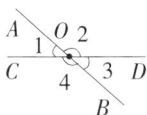

∠1=∠3　因为∠1与∠2互补，　（对顶角相等）

∠3与∠2互补

（邻补角的定义），

所以∠1=∠3

（同角的补角相等）。

（二）在《平行四边形》概念教学中培养学生的几何直观

概念是人类对一个复杂的过程或事物的理解。从哲学的观念来说概念是思维的基本单位，即反映事物的本质属性的思维形式。几何直观是依托、利用图形进行数学的思考和想象。它在本质上是一种通过图形展开的想象能力。在《平行四边形》一章中，有四个重要的几何图形概念：平行四边形、矩形、菱形、正方形。下文以平行四边形的概念教学为例，说明在几何图形的概念教学中，使用观察、作图、比较等方法可以让学生对图形产生更加直观的认识和深入的理解，从而培养学生的几何直观。

1. 通过回忆、再现、陈述培养学生的几何直观。

正方形、长方形、平行四边形等概念在小学已经介绍过，初中阶段再次研究这些图形的目的是加深学生对图形的认知，理解图形之间的关系。所以，在教学中，教师要把握住哪些知识是"未学的"，哪些知识是"已学的"，对已学知识的回忆、再现和陈述实际上是图形在学生头脑中再现的过程。

如在平行四边形的教学中，如果教师直接给出平行四边形的概念，学生仅仅经历了一个被动的"想起"或被动的"接受"的过程。如果教师引导学生回忆小学学过的与平行四边形相关的知识，学生就会经历一个主动的"想象"的过程。学生只有抓住平行四边形"对边平行"的特征，才能够给出正确的定义：两组对边分别平行的四边形是平行四边形。反之，如果学生能够正确给出定义，即说明"对边平行"这一特征在学生头脑中已经形成了影像。

2. 通过实物与几何图形之间的转换，积累直观体验。

在我国的《现代汉语词典（第7版）》中，对"直观"的解释是："用感官直接接受的；直接观察的。"现实世界中很多物体都具有几何图形的形象，这为几何教学提供了很好的素材。从实物中抽象出几何图形，由几何图形想象实物的过程都是几何图形在学生头脑中成像的过程。这一环节看似简单，却十分重要。在教学中，我们发现，在介绍某种几何图形时，先展示生活中具有这种几何图形形象的例子，如：小区的伸缩门、庭院的竹篱笆等具有平行四边形的形象；课桌、黑板等具有长方形的形象。让学生从实物中抽象出几何图形的形象，这一环节对于学生来讲并不难，也没有太多的惊喜和趣味。但在学习了平行四边形的概念和性质后，再让学生回到生活中寻找更多的平行四边形的形象时，由于生活经验的局限和想象力不够丰富，学生能够想到的实物很少，且都是熟知的、常见的物品，没有太多新意。这个时候教师提示可以从美术设计方面考虑，可以从建筑设计、工业中的应用去考虑，拓宽学生的视野，提升学生的想象力，加深图形在学生脑中的印象。每当学生发现一样意想不到的生活中的应用时，学生的情绪都会特别高涨。

3. 通过作图、猜想培养学生的几何直观。

有一些数学学者认为直观是直接 "从感觉的、具体的对象背后，发现抽象的、理想的（状态）能力"。教师可以通过作图让学生对几何图形产生进一步的感知。

平行四边形是常见的几何图形，对于学生来讲，理解和识别并不困难。但是如何画一个平行四边形呢？这个问题抛给学生后，很多学生无从下手，还有一部分学生想当然地画出两组看似平行的线段，这样的作图并不规范。如何画一个平行四边形？这个问题可以转化为：画两组平行线，即要掌握平行线的画法。做一条直线与已知直线平行是初一下学期的内容。时隔一年有余，学生不容易想到，在这一环节要给学生足够的时间，让他们经历一个回忆、思考、动手操作的过程，不仅能够培养严谨的学习态度，更能让学生体会前后知识之间的联系，同时培养学生的几何直观。

在学习了平行四边形的性质和判定后，画平行四边形的方法也随之增加，可以画两组相等的对边，也可以画互相平分的对角线。类似地，在学习了矩形和菱形的概念后，也可以通过作图加深学生对图形的认知和理解。

4. 通过拼图、折纸体会图形的变换。

人教版教材中对矩形和菱形的定义是：有一个角是直角的平行四边形叫做矩形；有一组邻边相等的平行四边形叫做菱形。由此可知，在介绍矩形和菱形的概念时，教材想要说明矩形和菱形与平行四边形之间的关系，也就是体会在平行四边形的基础上添加怎样的限定条件可以得到矩形或菱形。

在教学中，我们设计了一个拼图活动和一个剪纸活动。

拼图活动：取两个全等的三角形纸片，将它们相等的一边重合，得到一个四边形。向学生提问：你拼出了怎样的四边形？通过改变三角形的位置和形状可以得到平行四边形、矩形、菱形和正方形吗？在操作过程中引导学生观察思考，提升直观能力。

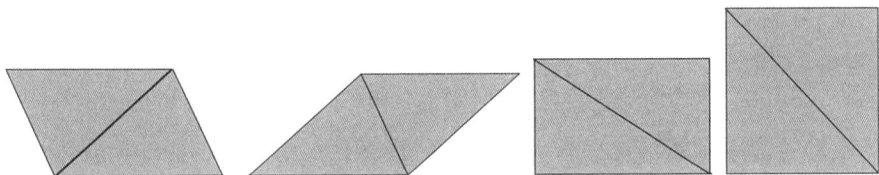

剪纸活动：将一张长方形的纸对折、再对折，然后沿图中的虚线剪下，打开。在这个图形中你有什么发现？

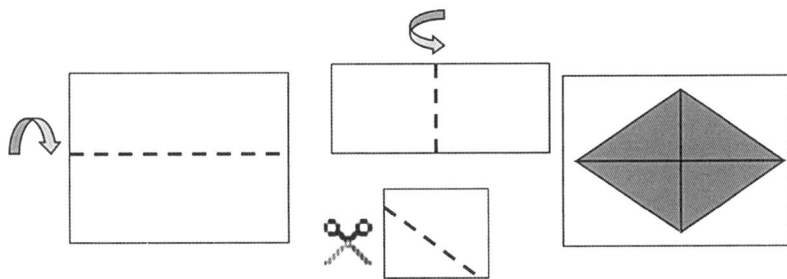

孩子在牙牙学语的时候，家长就会拿着各种颜色、各种形状的图案给孩子看，所以如平行四边形、矩形、菱形、正方形这样的几何图形对学生而言并不陌生，因为简单，因为熟悉，所以在教学中可能会被"一带而过"，事实上，学生对图形的认知是在不断发展变化的。如何在学生熟知的几何图形的概念教学中加入新的元素，提升学生对图形的理解，进一步培养学生的几何直观是一线教师要常思常试的问题。

四、在《三角形》教学中渗透数学思想

三角形是一种基本的几何图形，是认识其他复杂几何图形的基础，广泛地应用在生活、物理、建筑等领域。作为一种简单的平面图形，是学生从幼儿园就开始接触的，再熟悉不过的几何图形。在七年级下学期再次相见，学生需要经历一个再认识的过程。三角形的线条依然简洁，内涵却更加丰富，充分展示

其深邃的数学思想和耐人寻味的数学魅力。下文主要就《三角形》一章中体现的三种重要的数学思想：数形结合思想、分类讨论思想和转化思想加以探讨和研究，以期学生通过自己熟悉的具体的图形理解抽象的数学思想，提高学生学习几何的兴趣和能力，为学习更复杂的几何图形奠定基础。

数形结合、分类讨论和转化是学习几何的三种重要的思想方法。在七年级下学期《三角形》一章中，有着较为充分的体现。

1. 《三角形》中渗透的数形结合思想。

数学是研究现实世界的空间形式和数量关系的科学。"数缺形时少直观，形少数时难入微"，数形结合，就是通过对数量关系的讨论来研究图形的性质，或利用图形的性质来反映数量间的相互关系。因此数形结合使数和形相互启发、相互补充、相互印证。在《三角形》一章中渗透的数形结合思想如下：

（1）以数助形，将几何问题数量化。

一些几何问题如果运用数与形结合的观点去考虑"形向数"的转化，解题思路比较明确，规律性强，容易找到解题途径，进而通过数的运算和变式，得到相应的几何结果。

①利用等式描述几何概念。

在几何部分，有许多概念是与代数知识紧密联系的，如在《三角形》中给出的三角形的高、中线、角平分线的概念。

三角形的高：从三角形的一个顶点向它的对边所在直线作垂线，顶点和垂足之间的线段叫做三角形的高。

三角形的中线：在三角形中，连接一个顶点与它对边的中点的线段，叫做这个三角形的中线。

三角形的角平分线：在三角形中，一个内角的平分线与它的对边相交，这个角的顶点与交点之间的线段叫做三角形的角平分线。

利用等式表示如下：如果 $\angle ADB = \angle ADC = 90°$，则表示线段 AD 是 $\triangle ABC$ 的高；如果 $BD = DC = BC$，则表示线段 AD 是 $\triangle ABC$ 的中线；如果 $\angle 1 = \angle 2 = \angle BAC$，则表示线段 AD 是 $\triangle ABC$ 的角平分线。

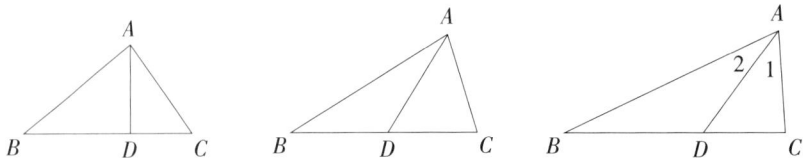

②运用不等式的知识解决与三角形有关的问题。

例1：现有两根木棒，它们的长分别为40cm和50cm，若要钉成一个三角形木架（不计接头），则应在下列四根木棒中选取（　　　）

A. 10cm长的木棒　　　　B. 40cm长的木棒

C. 90cm长的木棒　　　　D. 100cm长的木棒

解析：设第三条木棒长为$x$cm，根据三角形三边关系列出不等式组$50-40 < x < 50+40$，从而求出第三边的取值范围为$10 < x < 90$，选出符合条件的答案：B。

③运用方程的思想解决与三角形有关的问题。

例2：用一条长为18cm的细绳围成一个等腰三角形。如果腰长是底边的2倍，那么各边的长是多少？

解析：设底边长为$x$cm，则腰长为$2x$cm。

根据题意可列方程：$x + 2x + 2x = 18$

$$解得：x = 3.6，$$

从而得出三边长分别为3.6cm，7.2cm，7.2cm。

例3：在$\triangle ABC$中，$\angle C = \angle ABC = 2\angle A$，$BD$是$AC$边上的高，$BE$是$\angle ABC$的平分线，求$\angle DBC$和$\angle BEC$的度数。

这道题如果用几何方法来做，思路不好找，写起来也比较烦琐。如果设$\angle A = x°$，则根据题意可得方程：

$$x + 2x + 2x = 180$$
$$解得 x = 36，$$

进而得到$\angle DBC = 18°$，$\angle BEC = 72°$。

（2）以形助数，将代数问题形象化。

①利用三角形的中线等分面积。

由三角形中线的定义可得三角形的中线将三角形分成面积相等的两部分。利用这一性质，可以解决一些与面积有关的数学问题。

②利用多边形及外角的性质解决生活问题。

例4：如果小明每走50米向右转40°，那么他能够回到原点吗？如果可以，当他第一次回到原点时共走了多少米？如果将他每次右转的角度改为60°、70°，结果一样吗？

解析：利用多边形的外角和定理可知当小明每次右转40°时，可得到一个边长为50米的正九边形，所以能够回到原点，第一次回到原点时共走了450米。当小明每次右转60°时，可得到一个边长为50米的正六边形，也能够回到原点，第一次回到原点时共走了 300 米。当小明每次右转 70° 时，由于 70 不能整除 360，所以得不到多边形，不能回到原点。

③利用三角形内角和定理解决海上航向问题。

例 5：已知 C 岛在 A 岛的北偏东 50° 方向，B 岛在 A 岛的北偏东 80° 方向，C 岛在 B 岛的北偏西 40° 方向，有一艘货船从 A 岛到 C 岛转向去 B 岛，求货船在 C 岛要转多少度？

解析：根据题意画出图形：利用三角形内角和定理可求出 $\angle ACB = 90°$，从而得到货船在 C 岛要向右转 90°。

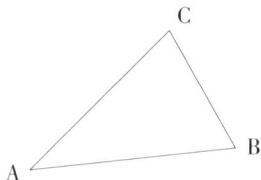

2. 《三角形》中渗透的分类讨论思想。

分类讨论思想是根据数学对象的本质属性的相同点和不同点，将数学对象区分为不同种类的数学思想。对数学内容进行分类，可以降低学习难度，增强学习的针对性。因此，在教学中应启发学生按一定的标准对研究对象进行分类，帮助学生掌握分类的方法原则，形成分类的思想。

（1）在三角形和多边形的分类中体会分类要按一定的标准。

分类要按一定的标准，不同的分类标准得出的结果不同。但是无论按哪一种标准进行分类都必须做到不重复、不遗漏。如对三角形的分类：

按边的相等关系进行分类，可得：

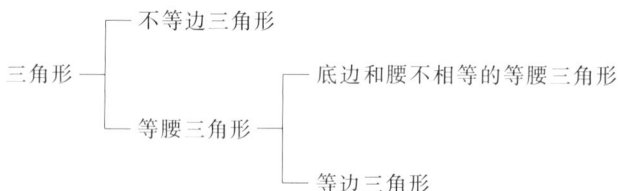

按角的大小关系进行分类，可得：

```
          ┌── 直角三角形
          │              ┌── 锐角三角形
三角形 ──┤              │
          │              │
          └── 斜三角形 ──┤
                         │
                         └── 钝角三角形
```

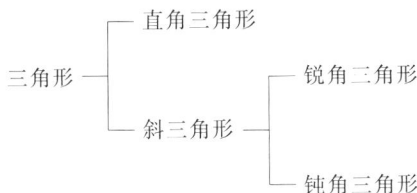

再比如对多边形的分类。按是否存在一条边使多边形分布在这条边所在直线的两侧，可将多边形分为凸多边形和凹多边形。按组成多边形的线段条数可以分为三角形、四边形、五边形等。类似地，正多边形按组成的线段条数可以分为正三角形、正四边形、正五边形等。

（2）在研究数学问题时体会分类的全面性。

为了使研究的对象更全面、更具有代表性，经常在研究问题的过程中使用分类讨论的思想。如：在研究与三角形有关的边，即三角形的高、中线、角平分线时，分别在锐角三角形、直角三角形和钝角三角形中画出高、中线和角平分线，从而得出三角形的中线和角平分线都在三角形的内部，相交于一点，而直角三角形的高和钝角三角形的高比较特殊，分别有两条在三角形的边上和三角形的外部。在研究多边形的内角和时，将多边形按边分类讨论，从简单的四边形、五边形开始研究，发现规律，推广到任意多边形。在研究镶嵌问题时分为一种多边形的镶嵌和两种正多边形的镶嵌研究。

（3）在解决实际问题时体会分类讨论的必要性。

在解题过程中，当条件或结论不唯一时，会产生多种可能性，这时就需要进行分类讨论。

例6：用一条长为18cm的细绳围成一个等腰三角形。能围成一边的长为4cm的等腰三角形吗？

解析：因为长为4cm的边可能是腰，也可能是底边，所以需要分类讨论。

如果4cm长的边为底边，设腰为xcm，则依据题意可得：

$$4 + 2x = 18，$$

解得 $x = 7$。

如果4cm长的边是腰，设底边长为xcm，则依据题意可得：

$$2 \times 4 + x = 18，$$

解得 $x = 10$。

因为 $4 + 4 < 10$，不符合三角形的三边关系，所以不能围成腰长是4cm的等腰三角形。由以上讨论可知，可以围成底边长是4cm的等腰三角形。

3.《三角形》中渗透的转化思想。

面对一个陌生的问题，如何利用已有的知识去求解；面对一个复杂的问题，如何将其简单化处理；面对一个抽象的问题，如何将其形象化、具体化，这就需要用到转化的思想。转化思想是一种思维策略的表现，即我们常说的换个角度想问题。主要表现在使陌生问题熟悉化、抽象问题具体化、复杂问题简单化。

（1）陌生问题熟悉化。

如图1，在探究三角形三边关系时，可以将其转化为研究两个点之间的路线问题，利用两点之间线段最短得出：三角形任意两条边的和大于第三边。

如图2，在研究三角形外角性质时利用邻补角定义得到：$\angle ACB = 180° - \angle ACD$，将外角问题转化为内角问题，利用三角形内角和定理得出外角的性质：$\angle ACD = \angle A + \angle B$。

如图3，在探究多边形内角和公式时，将多边形分割成若干个不交叉重叠的三角形，将多边形内角和问题转化为三角形内角和问题，利用三角形内角和定理得出多边形内角和公式：$(n-2) \times 180°$。

在探究多边形外角和公式时，利用相邻的内角和外角互补，把多边形外角和问题转化为多边形内角和问题，从而利用内角和公式得出：多边形的外角和为360°。

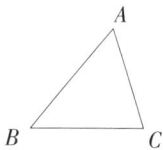
图1

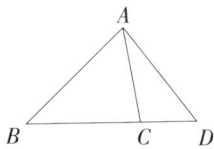
图2

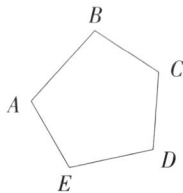
图3

（2）抽象问题具体化。

如在研究 n 边形对角线条数时，先研究已知具体边数的多边形，如四边形的对角线条数是2，五边形的对角线条数是5，六边形的对角线条数是9，找到规律后，再将其用于 n 边形，得出关于多边形的对角线条数的公式：$\dfrac{n(n-3)}{2}$。

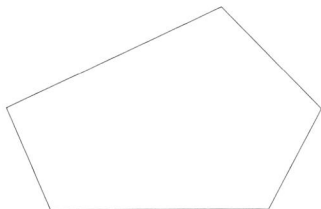

（3）复杂问题简单化。

复杂的问题之所以复杂，主要是题目冗长、图形复杂，已知量和未知量之间的关系不好找。解决这类问题可以用排除干扰信息，抓住重点，或分解难点的方法将其化为简单的问题。如：

例7：如图1，AD 是 $\triangle ABC$ 的角平分线，$DE /\!/ AB$，$DF /\!/ AC$，EF 交 AD 于点 O。请问：DO 是 $\triangle DEF$ 的角平分线吗？如果是，请给予证明；如果不是，请说明理由。

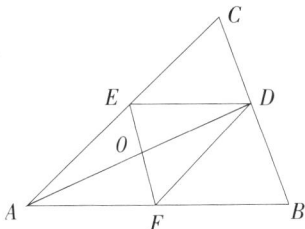

图1

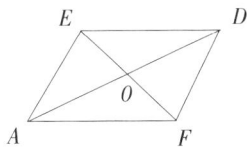

图2

擦去干扰部分，此题等价于图2，AD 是 $\triangle AEF$ 的角平分线，$DE /\!/ AF$，$DF /\!/ AE$，EF 交 AD 于点 O。请问：DO 是 $\triangle DEF$ 的角平分线吗？如果是，请给予证明；如果不是，请说明理由。

例8：如图1，已知 $\triangle ABC$，E 在 CA 的延长线上，$EG \perp BC$ 于点 G，$AD \perp BC$ 于点 D，若 AD 平分 $\angle BAC$，$\angle BFG = 36°$，求 $\angle E$ 的度数。

可以将图1分解为图2、图3、图4。在图2中易求 $\angle BAD = \angle BFG = 36°$，在图3中易求 $\angle DAC = \angle BAD = 36°$，在图4中易求 $\angle E = \angle DAC = 36°$。

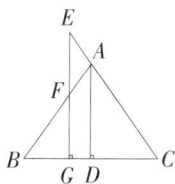
图1
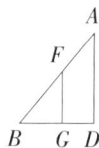
图2
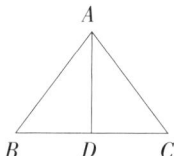
图3
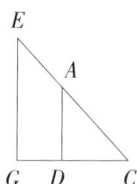
图4

数学思想是数学知识、数学技能、数学方法的本质体现，是形成数学能力、数学意识的桥梁，是灵活运用数学知识、数学技能、数学方法的灵魂。数学教学要提高学生分析问题和解决问题的能力，形成数学意识，就离不开数学思想。初中数学教师担负着向学生传授基本数学思想的责任。教师在平时教学中就要把抽象的数学思想渗透在具体的数学问题中。数学问题的解决过程就是一系列转化的过程，在教学中，首先要让学生认识到很多常用的数学方法实质就是转化的方法，从而确信转化是可能的，而且是必需的；其次结合具体的教学内容进行有意识的训练，使学生掌握这一具有重大价值的思想方法。

第二节　教师篇

一、教要深入浅出

数学是一门具有严密的符号体系和独特的公式结构的学科。它与生活紧密相连，却又高度抽象概括，随着学习的不断深入，学习内容越发彰显数学的理性与高冷，让很多学生感到难以理解、望而生畏。教师深入解读教学内容，去繁就简，学生就可以轻松入门；教师深入学习教育教学理论，厚积薄发，学生才能够步步深入。

深入浅出意指讲话或文章的内容深刻，语言文字却浅显易懂，也可理解为内容或道理很深刻，但表达得浅显通俗。教学中的深入浅出指教师深入研究教育学、教育心理学、数学思想和方法，深入研究课程标准、教材，对所教的内容具有深刻的认识。而在指导学生学习时从浅处入手，用简单易懂的例子让学生更容易理解和接受。

教学的深入浅出要建立在扎实的理论基础和深厚的教学基本功之上。苏霍姆林斯基在《给教师的建议》中提到："应当在你所教的那门科学领域里，使学校教科书里包含的那点科学基础知识，对你来说只不过是入门的常识。在你的科学知识的大海里,你所教给学生的教科书里的那点基础知识,应当只是沧海一粟。"要做到这一点,教师须通过学习,不断增加知识储备,完善知识体系,提升专业素养。

专业阅读是为了专业知识的学习研究所采用的一种阅读策略和阅读技能。一本好的教育教学专著是作者经过长时间的实践、思考提炼出来的对数学和教育的理解和认识。以史宁中教授的《数学基本思想18讲》为例,为了解释清楚什么是"数学基本思想",作者经历了近10年的思考和整理,把数学基本思想聚焦于三个方面:抽象、推理、模型。在每一方面的论述中,作者都引用了大量的例子,介绍了历代数学家的研究和思想,从自然数的产生到欧几里得几何的再认识,从数学推理的基础到具体的归纳方法,从时间与空间的数学模型到生活中的数学模型;每一讲、每一个数学概念、每一种数学基本思想都讲解得清晰透彻。相比一些碎片化的信息获取方式,专著涵盖的内容更加深刻丰富,使用的术语更加专业精准。系统性的专业阅读在获取知识、掌握方法、拓宽视野、打开思路等方面具有无可比拟的优势,是教师提升个人专业素养的有效途径。

台上三分钟,台下十年功。教师要想在课上挥洒自如,就必须在课下苦练教学内功。研究课程标准和教材是教学的起点和基石,举足轻重。研读课程标准,可以提升教师的大局观。课程标准是编写教材的依据,也是教师开展教学活动的依据。领会课程标准的基本理念,了解各个学段的教学要求,可以明确教学的指导思想,把握教学的重点难点。研读课程标准不能教什么读什么、什么时候教什么时候读。有效地研读课程标准需要做到以下四点:①先通读全册,再重点研读所教章节;②将《义务教育数学课程标准(2022年版)》《义务教育数学课程标准(2011年版)》和《全日制义务教育数学课程标准(实验稿)》对比研读,特别关注增减、更改的部分;③关注同类知识在不同学段的不同要求;④结合教材和中考真题研读。

研读教材,提高教师的创造力。教育家叶圣陶先生说:"教材只能作为教课的依据,要教得好,使学生受益,还要靠教师善于运用。"教师要熟悉整套教材的体系,熟悉每个知识板块的系统、结构和阶段要求,才能灵活地处理教材,更好地实现教学目标。以人教版九年级上册第二十四章第四节《弧长和扇形面积》为例:这一课教材处理的重点和难点是理解教材中的"思考",优化公式推导过程中的问题设计,分析例题、练习题所考查的知识和方法,优化例题和课堂练习的设计。如:教材中的例1和例2都是实际应用问题,在刚刚探究得到弧长和扇形面积公式之后,立刻就呈现这样的例题跨度有些大,特别是对于学习能力处于中下水平的学生,会减弱他们对公式的认识,增加理解的负担，从而产生畏难情绪。可将第 113 页的练习 2 进行改编，放在例 1 和例 2 之前，让学生体会扇形的半径、圆心角、弧长和面积这四个量之间的关系。

开展课题研究，提升教师的专业化水平。我主持的第一个课题是学校的小课题，课题名称是 "在平行四边形的教学中培养学生几何直观的实践研究"。从对课题研究的一无所知，到广泛查阅资料、确定课题名称、制订研究方案、跟踪实施过程、完成结题报告，可谓是一个十分艰难却又收获颇丰的过程。课题结题后，我在学校小课题评比中获得一等奖。有了这次成功的体验后，我又积极参加同行前辈主持的市级课题、省级课题的研究，并于 2016 年通过申报获得了主持市级课题立项研究的资格。一线教师开展课题研究的困难主要是缺少理论功底、研究经验和研究方法，优势是实践经验丰富。教师应该从教学中遇到的问题和困惑里寻找研究方向，在研究过程中不断反思和改进教育教学方法。课题研究可以让教师跳出自己原有的思维模式，增加思维深度和广度，提高专业化水平。

公开课和比赛课磨炼了教师的教学基本功。自参加工作开始，我便主动和公开课结缘，只要有机会，我都会主动请缨。每一次承担公开课，我都有磨砺的痛苦与破茧而出的释放。因为备课的过程是一个不断自我否定、自我超越的过程，磨课的过程是一个强大的团队在对我进行专业指导的过程。正是因为一节节公开课的磨炼，为我后来参加教学比赛打下了坚实的基础。从校级、镇级到市级、省级，经过层层选拔，最后走上国家级的比赛讲台，并取得了最高的奖项。公开课就是一种历练、一种沉淀，开始时需要投入大量的时间和精力，反复试讲、反复琢磨、反复修改。随着教学经验的积累，备课的时间会越来越短，当一名教师可以用平常的备课时间独立准备好一节高质量的公开课时，他（她）的教学基本功就练成了。

二、关注学生的学

数学课堂教学既要面向全体学生，又要适应学生个性发展的需要。在教学的过程中关注学生的学，为不同层次的学生设计不同难度的问题，让每个学生都有被关注的机会，才能充分发挥问题启迪思维的功效，促进个体的思维发展，调动整体的学习气氛，体现教育的公平性，进而实现：人人都能获得良好的数学教育，不同的人在数学上得到不同的发展。

我曾经对教师的课堂提问做过专门的研究。在观课中，我重点记录被提问对象的位置。以下两张表是我进行大量观课后，提取的比较有代表性的数学课堂被提问对象的位置记录表。其中"B"表示男生,"G"表示女生,"板"表示板演。

初中数学课堂被提问对象位置观察一

			讲台					
1列	2列	3列	4列	5列	6列	7列	8列	9列
		G板		G板				
B		B						B板
								G板
		G		G	G板			
G2	G2	G						
B	B3					B		

分析:该班男生26人,女生32人,被提问对象男生6人,女生9人。其中有两位女生被提问2次,一位男生被提问3次,被提问对象主要集中在前3列。

初中数学课堂被提问对象位置观察二

			讲台					
1列	2列	3列	4列	5列	6列	7列	8列	9列
						B		
			G		B	B		
			G		GX	B		
			B		BX	B		
			G		BX	G		
					BX			

分析:该班男生32人,女生26人。被提问对象男生9人,女生5人。被提问对象集中在靠过道的第4、6、7列,其中第6列是教师以"开火车"的方

式进行提问的。

由以上两张表，我们不难发现这两节课的教师对课堂被提问对象的选取都具有随意性。这种随意性会不会影响课堂教学效果呢？为此，我在课后对几位学生和教师进行了访谈。

对数学教师的访谈记录：

问：您为什么会选择用"开火车"的方式进行提问呢？

答：方便，每列都有机会，也就是每位学生都有被提问到的机会。

问：您为什么喜欢提问靠过道的学生呢？

答：可能是方便吧。如果是板演，中间的学生走出来不方便。

问：您注意到您在一节课对同一个学生提问了两到三次吗？

答：他们比较积极呀，别的学生不举手呀。

问：您在课前有没有预先设计好问题以及计划提问哪些学生？

答：问题是设计好的。没有计划哪个问题一定要哪个学生来回答。

对学生的访谈记录：

问：当你们发现老师提问学生的位置有规律后，你们听课的积极性有没有受影响？

答：坐在经常被叫到的区域就会紧张些，如果坐在安全区，就没那么紧张。

问：你觉得开火车的提问方式好不好？

答1：好呀。大家都有答题机会，特别是对于平时不敢举手的同学。

答2：不好。如果问到我这组，我就会计算轮到我是哪一题，就没心思听前面同学的发言了。

答3：知道自己要回答哪道题，会赶紧问旁边同学，所以准确率就会高。

问：如果你前后左右的同学被提问，你会不会感到紧张？

答1：会呀。因为他（她）要是答不上来，老师一般都是请"邻居"帮忙的。

答2：我觉得无所谓。

心理学家赫洛克曾做过一个实验，他把被试者分成四个组，在四种不同诱因下完成任务。第一组为受表扬组，每次工作后予以表扬和鼓励；第二组为受训斥组，每次工作后严加训斥；第三组为被忽视组，不予评价只让其静听其他两组受表扬和挨批评；第四组为控制组，让他们与前三组隔离，不予以任何评价。结果工作成绩是前三组均优于控制组，受表扬组和受训斥组明显优于被忽视组，而受表扬组的成绩不断上升。

这让我联想到课堂提问，如果教师对课堂被提问对象的选取是无意识的，那么实质上教师就是无意识地将学生分成了四组：经常被提问且获得表扬的相当于受表扬组；经常被提问，但回答不出的相当于受训斥组；很少或者从来没有被提问过的相当于被忽视组；而另有一组就是经常开小差，心不在焉又没有得到及时的提醒和关注的控制组。

如何通过课前的预设和课上的调控，让更多的学生感受到被关注呢？为此，我在自己的课堂做了以下尝试。

1. 制作一张具有数学思维标志的座位表，关注每一位学生。

下表是我所任教班级的座位表。男生26人，女生32人。我将学生的思维特点分为强、中、弱三个层次，并在座位表中标记出来。

实验班级座位表

			讲台					
1列	2列	3列	4列	5列	6列	7列	8列	9列
G强	G中	G弱	B中	B中	B强	G弱	G中	G强
B中	B强	B弱	G中	G弱	G强	G中	G中	G中
B强	B中	B弱	G弱	G中	G中	B弱	B强	B中
G中	G中	G强	B强	B强	B中	G中	G中	G弱
G弱	G中	G中	B弱	B中	B弱	B中	G中	G中
B中	B强	B中	G中	G中	G强	G强	G中	G弱
			B中	B强		G弱	G中	

2. 通过预设不同层次的问题，实现让人人都获得良好的数学教育。

在讲授《单项式除以单项式》之前，我设计了7个问题和2次板演，并制订了具体的提问计划。[（a，b，强）表示坐在a行b列，数学思维比较强的学生]

（1）前面我们学习了整式的加、减、乘运算，今天我们应该学习整式的哪种运算了？计划提问（5，4，弱）。

（2）减法是加法的逆运算，那么除法是哪种运算的逆运算？计划提问（6，9，弱）。

（3）你能回忆出同底数幂相乘的法则吗？计划提问（2，3，弱）。

（4）同底数幂相除会有怎样的结果呢？为什么？计划提问（4，8，中），（6，7，强）补充，此处可据情况增加答题人次。

（5）在同底数幂的乘法法则中，对指数的取值是有限定的。那么在同底数幂的除法法则中，对指数的取值有没有限定呢？计划提问（6，5，中），（4，5，强）补充，此处可据情况增加答题人次。

（6）单项式与单项式相乘的方法是什么？计划提问（4，2，中），（1，9，强）补充，此处可据情况增加答题人次。

（7）类似地，你猜单项式与单项式相除怎样进行呢？计划提问（6，3，中），（2，2，强）补充，此处可据情况增加答题人次。

第一次板演：4道同底数幂的除法运算题。计划提问（5，1，弱）、（2，5，弱）、（7，8，中）、（6，5，中）。

第二次板演：4道单项式除以单项式的题目。计划提问（1，3，弱）、（3，7，弱）、（3，6，中）、（5，7，中）。

3. 通过有计划选取被提问对象，实现让不同的人得到不同的发展。

在实际操作中我发现，对数学思维较弱的学生的提问是可控的，而面向数学思维中等或者较强学生的提问，学生的七嘴八舌常常打乱我的计划。一节课下来，计划提问的19人全部落实，4强8中7弱，8男11女，实际上还有4～5人主动发言，主要是思维比较活跃的男生。故本节课学生答问参与率约33%，若每节课都能够有计划地进行提问，按此比例，对于一个58人的班级，多数学生两天就可以被关注一次，这样就能够使每位学生都拥有身在"受表扬组"的感觉。

课堂提问中的每一个细节都可能成为影响提问效果的重要因素。对不同层次的学生提不同难度的问题，才能充分发挥问题启迪思维的功效。科学的课堂中被提问对象的选择应该顾及：前、后、左、右、中五个方位，男生、女生两种性别，数学思维强、中、弱三个层次。让每个学生都有均等被提问的机会，这样才能够扩大课堂提问的覆盖面，促进个体的思维发展，调动整体的学习气氛，也才能真正通过课堂提问关注学情，实现教育的公平性。

第三节 学生篇

一、学要浅入深出

浅入深出指学生的学习要从基础知识、基本方法入手，不断加深，循序渐进，进而提升自主研究的能力和利用数学解决问题的能力。

教师"浅出"，学生"浅入"。课堂上教师的厚积薄发是教学智慧和教学艺术的集中体现。在教学中扣紧知识内核，抓准学生的最近发展区，高屋建瓴，拨云见日，将看似深奥的数学知识以学生乐于、易于接受的方式呈现给学生，让学生听得清晰、理解得透彻，是课堂教学的最高境界。课堂上教师的"浅出"可概括为：情境创设自然有趣、贴近生活；教学语言简练易懂、生动朴素；教学流程环环相扣、循序渐进；教学容量适可而止、耐人寻味；问题设计由易到难、层层递进；思路引导由浅入深、水到渠成；拓展创新由近及远、步步深入；习题讲解分解难度、逐层突破。

以函数的教学为例，初中学的一次函数、二次函数、反比例函数是函数的入门知识，在高中会接着学习指数函数、对数函数、幂函数等。初中阶段学生能否轻松入门，直接影响到后续的学习。如：对于 $y = kx + b$，当 $k > 0$ 时，从左向右，y 随 x 的增大而增大。在教师看来这是显而易见的结论，但是如果学生没有真正理解，只是死记住这个结论，当研究函数的综合问题时就会产生混乱。所以在初次遇到这个问题时，教师就应引导学生想清楚"从左向右"反映在坐标系里，横坐标发生了怎样的变化，"从下到上"反映在坐标系里，纵坐标发生了怎样的变化，看似简单的两小步，却是突破难点的关键两步。

【关于夯实基础才能融会贯通的案例】

小曾同学在小学很怕学数学，初一第一次见面，她妈妈和我详细地介绍了她的数学学习情况，并希望我能够帮她克服对数学的恐惧。以下是我和小曾的一段对话：

师：小学里你最喜欢哪个科目？最不喜欢哪个科目？

生：最喜欢语文，最不喜欢数学，其实也不是不喜欢，是害怕！

师：为什么害怕？

生：觉得难。

师：你印象中最难学的是哪部分知识？

生：不是知识难，老师讲的我都听得懂，就是不会做题。

师：能举个例子吗？什么样的题不会做？

生："育苗杯"我只考了三十几分。

师：那是竞赛，题目会难一些。你在每学期中山市的期末统考中成绩怎么样？

生：一般都在90分左右。

师：你在中山市统考中能够保持90分的成绩，说明需要掌握的基础知识你掌握了。初中数学学习我给你三点建议：①认真听课，不懂及时问；②会做的题力争不错；③每天做一道自己觉得有难度的题。

这个孩子的特点是细心、有毅力，我给她的三点建议她坚持了三年。初一、初二的时候数学成绩中等，到了初三解题速度突然提升。因为初三的题目综合性增强，之前比她快的学生常常感到时间不够，而她却总能轻松做完试卷，成绩保持在115分左右。我问她为什么突然解题速度加快，她说她不知道。我同她讲：答案就在她每学期的两本数学笔记里。

后来，我常用这个案例鼓励学生。多年的实践证明，只要学生愿意花时间打牢基础，一定会逐渐进步。数学的产生和发展有一定的顺序，学生对数学的认知过程也有一定的顺序。在教学中，教师要引导学生从低处入手，循序渐进。于教者，得心应手；于学者，运用自如。

【关于兴趣驱动的案例】

在初中阶段，小庄的数学思维并不突出，成绩也一般，但是她对数学充满热情，甚至有点钻牛角尖。我从不评价她的成绩，只对她的钻研精神大加赞赏。高一她参加国外的招生考试，最好的成绩是逻辑学。她说自己都没有学过逻辑学，不知道为什么能够考那么好。我说：因为在你研究数学时，逻辑思维能力就在不知不觉中得到了提升。在国外高中阶段的学习中，她的数学成绩始终处于领先状态，而她也愈发对这门课产生了兴趣，并在大学选择了主修数学专业。以下是她妈妈发给我的一条信息：

老师：好开心地告诉您，小庄被数学专业世界十强、综合排名世界第十五

（英国《泰晤士报》排名）的加州大学洛杉矶分校录取，录取专业是应用数学。谢谢您在初中的数学教育中让她受到启发并爱上数学！这所大学今年接受92600人申请，只录取6000人，这无疑是对她学术特别是数学的肯定！

教师能够教给学生的知识和方法是有限的，但是能够传递给学生对待数学的热情和探究精神是无限的。具有丰厚数学素养的教师，在教学过程中所呈现出的思想张力和情感张力会深深地影响学生。这是让学生在探寻真知的路上不断深入的原动力。

教师的"深入"是一种修炼，教师的"浅出"是一种智慧；学生的"浅入"是一种智慧，学生的"深出"是一种修炼。教与学，即是教师用自己修炼的智慧启发学生智慧的修炼。

二、真实的学习

曾经有一位家长向我咨询：我的孩子每个周末回来几乎全天都坐在房间里学习，老师也反映他每天很早到课室，很晚才离开，可是为什么成绩总是没有进步呢？

我检查了孩子的数学作业，字迹工整，准确度很高。我从中选了一道中高难度的题，估计以他的水平是做不出来的，但是他的作业显示解答过程完全正确。我用一张A4纸盖上答案，请他分析一下解题思路，孩子想了很久，回答说不记得当时怎样想的了。于是我又选了几道，有特别容易的，也有比较难的。结果如我预料，3道有难度的题，他一道也没有回答正确，但是这3道题在他作业本里，都是正确的解答。之所以特别选了一些容易的题目提问，一方面想了解一下他的真实解题水平，另一方面也是不希望他太尴尬。这个孩子的问题很显然，他的学习只是做做样子。做做样子的学习是不会有真正的提高的。然而做做样子的学习不仅在课后，在课堂上也时有发生。

真实的学习需要真实的思考。以几何中的猜想为例。猜想是几何教学中的一种重要的方法。特别在研究几何图形的性质时更加常用。观察课堂上的学生表现，引导学生真实地学习、真实地思考、真实地猜想至关重要。

（一）真猜想来自真思考

1. 对已知知识的猜想不是真猜想。

已知知识可以是课前预习获得的结论，也可以是小学阶段习得的知识。如

《菱形的性质》一课，教师要求学生观察菱形并猜想它有哪些性质。预习过的学生可以立刻说出标准答案：四条边相等，对角线互相垂直且每一条对角线平分一组对角。教师听到这样的答案可能会很高兴，表扬学生的回答完全正确之后，自然会顺畅地进入下一个环节。然而这样的猜想起到作用了吗？显然没有。再比如，平行四边形的性质教学，小学四年级学生已经通过测量等方法习得平行四边形的对边相等、对角相等。初中阶段的教学再用猜想的方式呈现，不仅达不到效果，更会让学生形成一种错误的认识：猜想即回顾。

2. 没有经过观察和思考的猜想不是真猜想。

在课堂教学中，有一部分学生是人云亦云，有一部分学生则是简单地照搬照套。如学习了矩形的性质之后，教师引导学生猜想菱形的性质，有些学生会脱口而出说对角线相等。这样的猜想十分随意，其直接结果是学生养成不求甚解、浮于表面的学习习惯。

（二）真思考促进真猜想

真正的猜想是在认真观察后，通过理性的思考做出的猜想。真正的猜想是在不知道结论的前提下进行的。教师在展开猜想环节之前要做好下面两项工作：

1. 学法指导。

我们知道预习是提高学习效率的有效方法之一，但不是所有的课程、所有的学生都适合课前预习。在研究了《平行四边形》一章的教学任务，确定了教学方法后，科组的老师们认为这一章的学习不适合先预习。所以我们在起始课上跟学生说明本章的知识特点和我们的教学思路，建议学生课前不要预习，有些因基础不好、接受能力较弱而特别需要通过预习提高听课效率的学生在课堂探究环节，不要将课本的结论直接说出来，给没有预习的学生提供一个真思考的空间。

2. 研究小学教材。

科组的老师们翻阅了小学数学课本，对已学过的知识进行了解。以平行四边形为例，在小学四年级上册第五单元学生已经学习了平行四边形的相关知识，并给出平行四边形的定义：两组对边分别平行的四边形叫做平行四边形。但小学没有介绍对角线，所以 "平行四边形对角线互相平分" 对于学生来讲是未知的内容。在教学中，我们的处理是：请学生根据定义画一个平行四边形，观察画的图形，除了小学已经学过的 "两组对边分别平行、两组对边相等、两组对角相等" 以外，还会有哪些性质呢？这样的设计看起来微不足道，事实上却在引导学生真正去思考。

（三）真猜想才能真提高

给学生创造了真正猜想的机会，学生思考出来的结果往往也会出人预料。以平行四边形性质定理的教学为例，学生从边、角、对角线、三角形的周长、面积、全等关系多方面对平行四边形进行了观察和猜想，教师和学生一起将这些猜想进行梳理发现：三角形的周长、面积、全等关系都是由边、角、对角线之间的关系决定的。这时候，教师指出，边、角、对角线是平行四边形的基本要素，所以，在研究平行四边形的时候主要从这三个方面去思考。但是同学们发现的和三角形有关的结论对今后解决复杂问题也是相当有作用的。一方面鼓励学生思考，另一方面指出边、角、对角线三个重要的研究角度，为后面研究矩形、菱形埋下伏笔。

图形可以帮助学生发现、描述研究的问题，可以帮助学生寻求解决问题的思路，可以帮助学生理解和记忆得到的结果。经历了对图形真实的观察、猜想和证明的过程，不仅能够加深学生对图形的理解，更能够增强学生对图形之间横向联系的认识，提升几何直观，培养求真务实的学习态度。

第四节　教法篇

一、以核心素养为导向

数学学科核心素养是在数学学习过程中逐渐形成和发展的，而课堂学习是初中生数学学习的主阵地。以核心素养为导向确定学习目标、设计学习内容、引导学习过程、推动学习反思，是通过课堂教学培养学生核心素养的重要路径。

学习目标、学习内容、学习过程和学习反思是课堂学习的关键要素。学习目标决定了课堂学习的基准，学习内容是达成学习目标的载体，学习过程是实施学习内容的路径，学习反思是梳理学习过程、形成核心素养的方法。

以核心素养的构成为依据确定课堂学习目标。课堂学习是在课程理念指导下的单元学习的基本单位。课堂学习目标要与课程学习目标、单元学习目标保持方向上的一致性和逻辑上的传递性。数学课程学习目标属于宏观目标，以"会用数学的眼光观察现实世界、会用数学的思维思考现实世界、会用数学的语言表达现实世界"（简称"三会"）高度概括了数学课程的顶层设计。单元学习目标属于中观目标，既要将课程目标具体化，又要对课堂学习目标具有指导性。课堂学习目标属于微观目标，需要具体、可操作、可检测。

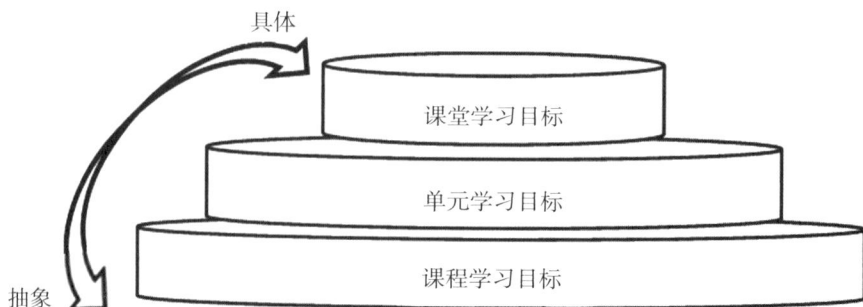

以核心素养培养为导向的课堂学习目标需要在课程学习目标和单元学习目标的指导下确定，在课堂学习内容和单元核心素养表现以及"三会"之间找到结合点。以"比较线段长短"教学为例，这部分属于初中数学课程中的"图形与几何"部分，核心素养主要表现在：抽象能力、几何直观、空间观念、推理能力、应用意识。在人教版教材中的位置是第四章《几何图形初步》的第二节"直线、射线、线段"第二课时。本节课以核心素养的构成为依据的课堂学习目标及其与单元学习目标、课程学习目标的结合点如下表：

课堂学习目标 （学习内容）	与单元学习目标之间的结合点 （核心素养表现）	与课程学习目标之间的结合点 （"三会"）
（1）通过设计路线发现、验证、掌握基本事实：两点之间线段最短。 （2）通过比较绳子的长短得到比较线段长短的方法：叠合法。 （3）理解两点间距离的意义，能度量和表达两点间的距离。 （4）通过作图理解线段的和、差，以及线段中点的意义。	（1）通过从实物和具体模型的抽象，了解几何图形，培养抽象能力。 （2）感知几何图形及其组成元素，培养几何直观。 （3）建立数与形的联系，渗透数形结合思想。 （4）获得基础知识、基本活动经验。 （5）体会符号的使用是数学表达和数学思考的重要形式。	（1）体会数学与生活之间的联系，在探索真实情境所蕴含的关系中，发现问题、提出问题、分析问题、解决问题。 （2）养成良好的学习习惯，形成质疑问难、自我反思、勇于探索的科学精神。

　　以核心素养的传输为主线设计课堂学习内容。学习内容是核心素养的载体，课堂教学各个环节的内容要具备运输、传递核心素养的功能。学习内容设计的关键是要符合学生的认知水平和生活经验。

　　如"比较线段长短"部分中，人教版教材给出的教学内容及其顺序如下图所示：

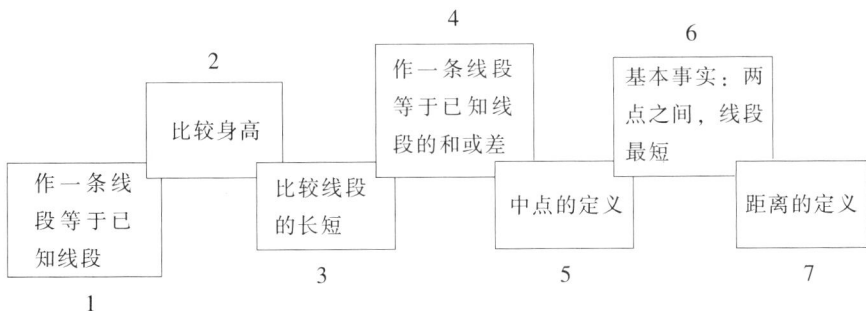

教材内容分析：

　　第1部分和第4部分，作一条线段等于已知线段（的和或差）是叠合法在尺规作图中的应用。第2部分，比较身高是叠合法在生活中的应用，即生活情境。第3部分，比较线段的长短是叠合法形成的过程。第5部分和第7部分是两个数学概念。第6部分是基本事实。以上教学内容和顺序又可以概括为：数学应用—生活情境—数学探究—数学应用—数学概念—基本事实—数学概念，各部分之间的连贯性和递进性不强。以学生的生活经验和认知水平为起点、以核心素养的传输为主线，我们对教学内容和顺序做了如下调整：

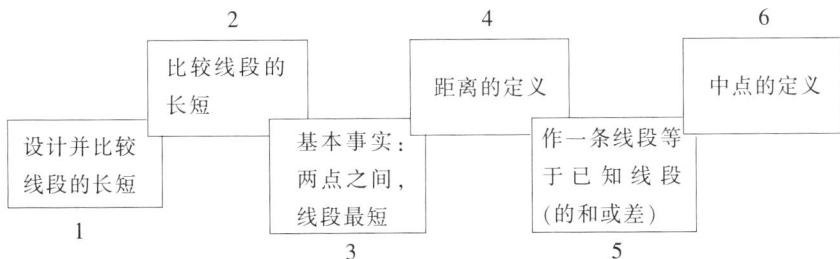

学习内容及顺序调整说明：

　　（1）关于生活情境的调整：初中生正处于身体发育的快速期，且个体发育差别比较大，学生对"身高"的关注度比较高，这同时也会给发育较慢的学生带来一定的思想压力。学生关于"比较身高"的生活经验过于丰富，在把"身高问题抽象成线段问题"时，生活经验会掩盖抽象能力的不足，误导教学效果评价。比较"线段长短"需要把曲线问题转化成线段问题，进而转化成比较线段长短的问题，转化和抽象的过程即是核心素养形成的过程。在比较"线段长短"中引导学生从实验中得出"两点之间，线段最短"的基本事实，由"基本事实"引出"距离"的定义，内容上具有连贯性，且可以培养学生的实验精神。

（2）关于作图顺序的调整："作一条线段等于已知线段"和"作一条线段等于已知线段的和或差"都是叠合法的应用，将两个作图合二为一，形成一个题组，既能加深学生对作图的理解，培养几何直观，也能为自然地得出中点、三等分点、四等分点的定义作铺垫。

以核心素养的落实为根本引导课堂学习过程。课堂学习过程是学生的核心素养动态生成的过程。在课堂学习过程中教师的主要任务是引导。引导的有效性取决于教师能否准确把握学生的思维边界，通过搭建桥梁的方式推动学生突破最近发展区，达到思维品质更高层次的发展。

过程引导举例 1：

教师请三位学生（学生 A、学生 B、学生 C）走上讲台，提出任务：请学生 C 在学生 A 和学生 B 之间设计三条路线（道具：三条足够长的绳子）。

【学生困境】

学生 C 只想到一种路线：从学生 A 到学生 B 拉一条直线。

此时，教师如果直接询问其他同学还有没有第二种方法，可能会有学生提出第二、三种方法。但对于学生 C 来讲，这是一次失败的经历，而且学生 C 并不知道自己为什么失败。

【打破思维边界的过程引导】

教师：你设计的这条路线是从学生 A 直接到学生 B，是直通的，我们可以称作直通路线。（"直通"是学生 C 在思考这一问题的思维起点，是得出"两点之间，线段最短"的事实依据，也是阻碍学生 C 发散思考的原因。教师强调"直通"既有对学生 C 已经想到的方法的肯定，又有推动学生 C 打破思维边界的引导。）

学生 C 接收到"直通"的信息，想到了突破"直通"的路线 2 和 3：从学生 A 绕过讲台到达学生 B；从学生 A 经过课室中某位同学的位置再到学生 B。

过程引导举例2：

教师提出问题：这三条路线哪条最短？为什么？

【学生困境】

学生很快得出路线1最短。但是只能说出类似"路线1是直的"这样的理由。

教师如果直接提出可以"比一比""量一量"，那么这种实验的方法就是教师"提供"的，而不是学生自主选择的。

【搭建桥梁式的过程引导】

教师加入备用活动：两根纸棒哪根长？

教师手持装有两根纸棒的纸袋（如图1），提出问题：纸袋里的纸棒哪根长？

大部分学生说右边的长，个别学生说左边的长或一样长。

教师将纸袋内部状态呈现给学生（如图2），再次提出问题：现在你认为哪根纸棒长？

大部分学生说一样长，个别学生说不知道。

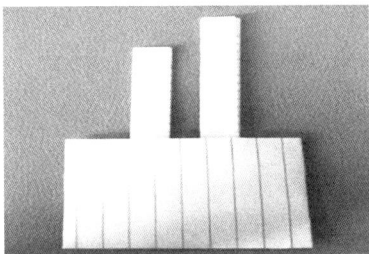

图1

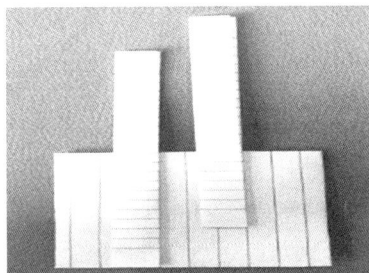

图2

教师提问：怎样才能得到一个确定的答案呢？

学生回答：量一量。

教师请学生演示测量过程，得出的结果是两根纸棒均为19cm，所以它们一样长。

教师再次提问：如果没有刻度尺，有没有办法确定两根纸棒的长短呢？

学生回答：叠在一起比一比。

教师请学生演示，此时比较线段长短的叠合法已经呼之欲出。于是教师给出定义：将线段一端重合，根据另一端的位置判断线段长短的方法叫做叠合法。现在你知道怎样比较三条路线的长短吗？

学生回答：将绳子一端重合，看另一端确定哪根绳子长。

教师请学生演示后指出：这位同学把绳子拉直，这一做法把曲线问题转换成了直线问题，体现了数学中的转化思想。把拉直的绳子看成线段，体现了数学中的抽象思想，即把拉直的绳子抽象成线段。

以核心素养的生成为导向推动课堂学习反思。学习反思是学生认识学习过程、梳理学习内容、积累学习经验、提升学习能力的重要方法。学生通过反思能够清晰地了解学习过程中各个环节的作用及其之间的关联，养成良好的学习习惯；深刻理解学习内容的本质，建立结构化的知识体系；充分了解自己的思维变化，优化思维方式，实现从积累基本活动经验到形成数学核心素养的升华。学习反思是一个 "积累、建构、迁移、再积累、再建构、再迁移" 的循环递进过程。

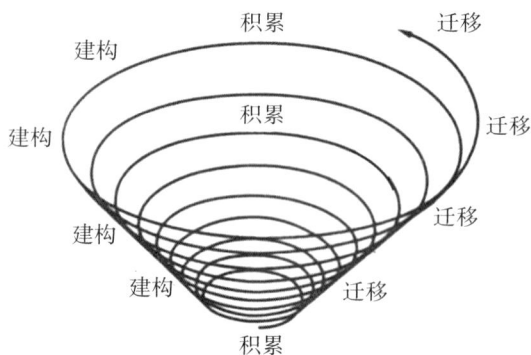

教师在学生进行学习反思时的作用是推动和提炼。如 "比较线段长短" 中，学生的学习反思停留在简单的知识回顾：比较线段长短的方法、表示线段长短的方法、叠合法、尺规作图、中点（三等分点、四等分点）、距离的概念、两点之间线段最短等。教师可以在学生完成回顾式反思后提出问题： "你能找到这些知识和方法之间的关联吗？今天学习的知识和方法与你之前学习的哪些知识、方法之间有关联呢？"

如果这两个问题对于学生而言过于宽泛，教师可以提出更为具体的问题：比如 "度量" 和 "叠合法" 之间有怎样的关联？用没有刻度的直尺和圆规作一条线段等于已知线段是什么方法？

当学生意识到度量和本节课的尺规作图都是叠合法的应用后，教师作以下提炼，促进学生核心素养的生成：我们把生活中比较路线长短的问题转化成数学中比较线段长短的问题，这个过程运用了数学中的抽象思想、模型思想和转化思想。比较线段长短的方法是叠合法，叠合法在生活和数学中都有广泛的应用，比如比较身高、度量、尺规作图等。通过设计两点之间不同的路线并比较它们之间的长短，发现一个基本事实：两点之间，线段最短。这种学习方法叫做实验法。

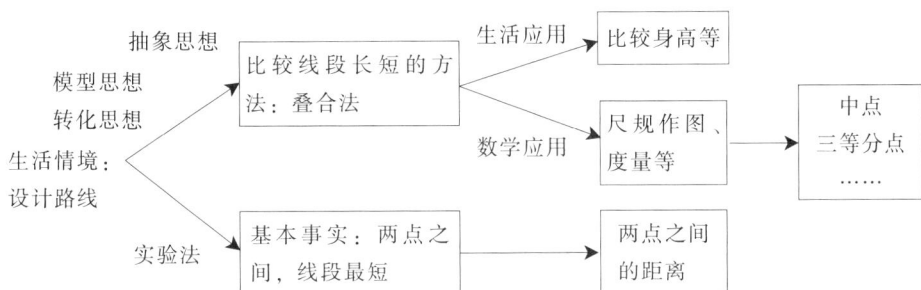

以培养核心素养为导向的课堂教学要求教师既从宏观上把握课堂教学内容在数学课程体系中的地位和作用，又从微观上挖掘课堂教学内容的数学本质，确立能够将核心素养具体化的学习目标和内容。在组织学生学习的过程中，既要鼓励学生自主地解决问题，又要在学生遇到困难时从学生的思维水平出发顺势引导，在学生现有水平和素养目标之间搭建知识或思维进阶的桥梁。在推动学生进行学习反思时，既要引导学生对学习过程进行反思，更要启发学生对自己的思维发展过程进行反思，培养学生对自身核心素养的自我意识。

二、从单元整体出发进行教学设计

数学知识之间存在着复杂的关联性，依据不同的知识主线可以构建出不同主题的单元整体，从单元整体出发进行教学设计，可以促进学生理解知识的内在联系，培养高通路迁移能力。"迁移"是指把一个情境中学到的东西迁移到新情境的能力。当新任务与原任务相似时，称为"低通路迁移"；当新任务与原任务不相似时，称为"高通路迁移"。下文以人教版"圆内接四边形的定义及性质"教学为例，通过对比以课时为单位的教学设计和从单元整体出发的教学设计，说明如何通过单元整体教学设计培养学生的高通路迁移能力。

《义务教育数学课程标准（2022年版）》在第四学段关于圆的内容要求中指出：了解并证明圆内接四边形的对角互补。作为圆周角定理的推论，人教版教材将关于"圆内接四边形的对角互补"的教学内容设置在第二十四章第一节第四课时"圆周角"的位置。先给出圆内接多边形和多边形的外接圆的定义，再以举例的方式给出圆的内接四边形和四边形的外接圆，提出问题：圆内接四边形的4个角之间有什么关系？最后通过证明得出结论。

　　圆内接四边形是与圆有关的特殊的四边形，其特殊在于四边形的四个顶点在同一个圆上，这一特殊的位置关系决定了圆内接四边形的对角之间具有特殊的数量关系。学生在学习了平行四边形和特殊的平行四边形后，已经积累了一定的研究特殊的四边形的方法。能否自觉地将研究平行四边形的方法迁移至对圆内接四边形的研究，既是对学生平行四边形学习效果的检验，也是对学生几何直观和推理能力的考察。

（一）以课时为单位的教学设计（以下简称"设计一"）

　　本课时的教学重点是圆内接四边形的性质。性质的证明是通过构造圆心角，将圆内接四边形的对角问题转化成圆周角、圆心角的问题，然后运用圆周角定理进行证明。以课时为单位的教学设计的教学难点是构造圆心角。为了突出重点，突破难点，设计以下五个教学环节：

　　1. 复习引入。

　　复习圆周角定理及其推理。

　　（1）圆周角定理：一条弧所对的圆周角等于它所对的圆心角的一半。

　　（2）圆周角定理的推论：

　　①同弧或等弧所对的圆周角相等。

　　②半圆（或直径）所对的圆周角是直角，90°的圆周角所对的弦是直径。

　　设计意图：唤起学生对已学知识的记忆，为运用圆周角定理证明"圆内接四边形的对角互补"做知识铺垫。

　　2. 概念学习。

　　（1）给出圆内接四边形的定义：如果一个四边形四个顶点都在同一个圆上，这个四边形叫做圆内接四边形，这个圆叫做这个四边形的外接圆。

　　（2）提出问题：观察图形，判断图中的四边形是否是圆内接四边形。

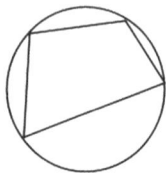
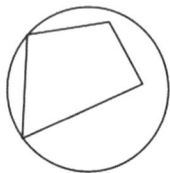
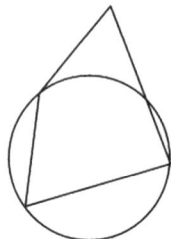

图1　　　　　　　　　　图2　　　　　　　　　　图3

设计意图：引导学生关注图中四边形的顶点是否在圆上，为发现圆内接四边形的四个内角都是圆周角，以及为想到构造同弧所对的圆心角做准备。

3. 性质探究。

（1）提出问题：圆内接四边形的 4 个角之间有什么关系？

（2）引导学生观察、测量、猜想、证明。这一环节的重点是证明。

设计意图：加深学生对圆周角定理的理解，培养学生应用已学知识解决未知问题的能力。

4. 课堂练习。

设计 5 道练习题。

（1）如图 1，四边形 $ABCD$ 内接于 $\odot O$，E 为 CD 延长线上的一点，

①若 $\angle B = 110°$，则 $\angle ADE = $ _____。

②若 $\angle B = 80°$，则 $\angle ADE = $ _____。

③若 $\angle B = x°$，则 $\angle ADE = $ _____。

（2）如图 2，四边形 $ABCD$ 是 $\odot O$ 的内接四边形，

①若 $\angle BCD = 100°$，则 $\angle A = $ _____，$\angle BOD = $ _____。

②若 $\angle BOD = 120°$，则 $\angle A = $ _____，$\angle BCD = $ _____。

③若 $\angle BOD = x°$，则 $\angle A = $ _____，$\angle BCD = $ _____。

（3）在 $\odot O$ 的内接四边形 $ABCD$ 中，

①若 $\angle A : \angle B : \angle C = 1 : 2 : 3$，则 $\angle D = $ _____。

②若 $\angle A : \angle B : \angle C = 1 : 2 : 5$，则 $\angle D = $ _____。

③若 $\angle A : \angle B : \angle C : \angle D = a : b : c : d$，则 a，b，c，d 之间有怎样的数量关系？

（4）如图 3，等边三角形 ABC 内接于 $\odot O$，P 是弧 AC 上的一点，求 $\angle APC$ 的度数。

（5）求证：圆内接平行四边形是矩形。

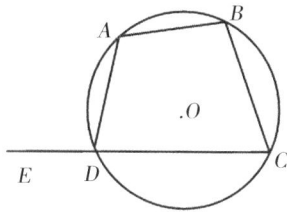

图 1

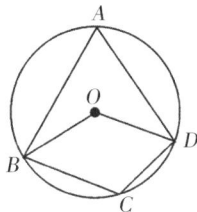

图 2

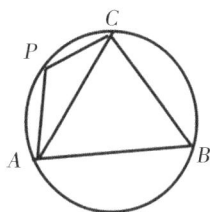

图 3

设计意图：

第（1）题改编自教材练习，考查"圆内接四边形的对角互补"的应用，通过从特殊到一般的解答过程，发现∠B 和∠ADE 之间的关系，培养几何直观。

第（2）题考查"圆周角定理"和"圆内接四边形的对角互补"的应用，通过从特殊到一般的解答过程，发现∠A、∠BOD、∠BCD 之间的关系，培养几何直观。

第（3）题考查"圆内接四边形的对角互补"的应用，通过从特殊到一般的解答过程，发现 a，b，c，d 之间的数量关系渗透数形结合思想，培养推理能力。

第（4）题考查等边三角形和圆内接四边形的综合应用，培养几何直观、推理能力和书写能力。

第（5）题选自教材中的习题，考查矩形和圆内接四边形的综合应用，培养几何直观、推理能力和书写能力。

5. 课堂小结。

（1）学生自由发言。

（2）教师从数学知识、数学方法、数学思想三个方面进行总结：

本节课学习了一个概念：圆内接四边形。一个性质：圆内接四边形的对角互补。在研究性质的过程中应用了转化的数学思想：把圆内接四边形的对角问题转化成了圆周角问题。

设计意图：培养学生归纳总结的习惯，对圆内接四边形、圆周角定理形成整体认识。

（二）从单元整体出发的教学设计（以下简称"设计二"）

圆内接四边形本质上属于特殊的四边形，其研究方法与第十八章研究平行四边形和特殊的平行四边形类似。与其相关的知识还有圆内接三角形，在第二十四章第二节第一课时"点和圆的位置关系"中给出：不在同一条直线上的三个点确定一个圆。将与圆内接四边形有关的知识整合在一起，形成一个"单元整体"，在这个单元整体下进行教学设计的教学难点是：发现圆内接四边形的对角具有特殊的数量关系。

1. 复习引入。

教师设计如下问题：

（1）我们已经研究过哪些特殊的四边形？

（2）选择其中的一个，看看它具有哪些性质？

（3）我们是怎样研究这些性质的？

设计意图：在原任务里唤起学生对研究方法的记忆，为将该方法迁移至新任务做准备。在研究平行四边形时，重点学习研究特殊四边形的方法：分别从边、角、对角线三个维度，通过观察、测量、猜想、证明得出结论。

2. 概念学习。

教师给出圆内接四边形的定义，并提出问题：你能画一个圆内接四边形吗？

设计意图：培养几何直观。此处预估学生会有两种作图顺序。一是先画圆，再画四边形；二是先画四边形，再画圆。通过作图引导学生感悟圆内接四边形的内角都是圆周角。学生会发现如果先画四边形，不一定能够画出一个圆使得四边形的四个顶点都在圆上，可以为后面研究"不在同一条直线上的三个点确定一个圆"做铺垫。

3. 性质探究。

（1）设计问题：如何研究圆内接四边形的性质呢？

（2）分组探究：每组 4～6 人，通过观察、测量、猜想、证明的方法分别对圆内接四边形的边、角、对角线进行研究。

（3）分享交流：通过作图、观察和测量，学生能够发现圆内接四边形的边和对角线没有特殊的数量关系和位置关系。圆内接四边形的对角有特殊的数量关系，即相加等于 180°。

（4）推理求证：学生板书证明过程，得出结论：圆内接四边形的对角互补。

设计意图：培养学生的高通路迁移能力，即应用观察、测量、猜想、证明的方法研究几何图形的能力。研究过程从一个开放性问题开始，给学生足够的时间思考，部分学生先通过平行四边形的学习经验联想到研究几何图形的方法，由这部分学生带动其他学生一起进行将平行四边形的方法迁移至对圆内接四边形的研究。

4. 课堂练习。

在"设计一"的五道练习题中选三道：（1）、（3）、（5）。

设计意图：由于分配了较多的时间在探究环节，课堂练习环节的时间比"设计一"少，所以从中选择了与本节课核心素养提升更为紧密的三道题。

5. 课堂小结。

在学生自由发言后，教师进行如下总结：本节课我们研究了一种特殊的四边形：圆内接四边形。它的特殊性表现在位置上是四个顶点在同一个圆上，表现在数量上是对角互补。我们研究圆内接四边形的方法与前面研究平行四边形、矩形、菱形的方法相似，即从边、角、对角线三个维度，通过观察、测量、猜想和证明得出结论。研究过程应用了分类和转化的思想。这种方法不限于研究四边形，对于其他的几何图形，也可以根据图形的关键元素分类，通过观察、测量、猜想和证明来进行研究。

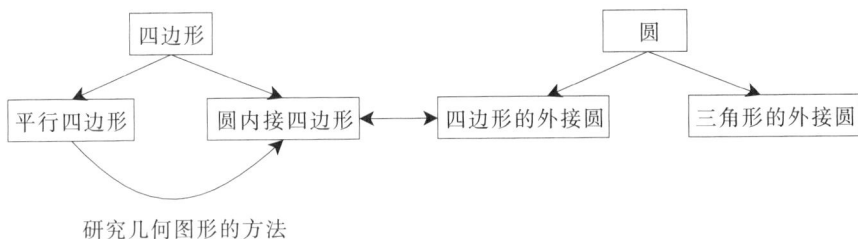

研究几何图形的方法

本节课知识认知图

6. 拓展思考。

（1）圆内接多边形是否都具有该性质？（分类讨论边为奇数时和边为偶数时的情况）。

（2）作图的过程让我们发现并不是所有的四边形都有外接圆，这是为什么呢？

（三）对比分析如何培养学生的高通路迁移能力

1. 重构知识体系为高通路迁移培养建构能力。

建构复杂认知结构是高通路迁移的必备能力。以课时为单位的教学设计，知识结构具有紧密性和线性关联的特点。学生的短时记忆可以弥补理解力和迁移能力的不足，从而形成"教学畅顺"的表象。学生对所学内容之间的关联理解不深，久而久之，就会陷入"一学就会，一做就错"的困境和困惑。单元整体是在知识体系中设计教学，其中知识结构具有松而不散、立体关联的特点。将新知识纳入原有的知识体系，重新建构的过程即是高通路迁移能力形成和发展的过程。

以圆内接四边形为例，"设计一"中涉及的知识主要是圆周角定理。学生在教师的引导下发现圆内接四边形的内角是圆周角，两者之间的连接比较简单。"设计二"更关注学生对圆、四边形以及两者之间关联的认知，从而建构起关于组合图形的知识体系以及研究思路和方法。

2. 开放思维空间为高通路迁移增强理解能力。

理解研究对象的本质属性是高通路迁移的基础条件。以课时为单位的教学设计，学生的课堂学习比较聚焦，但同时也限制了思维的延展。在单元整体下的设计教学，学生的思维空间更加开放，更容易突破思维边界的限制。

"设计一"的教学难点是运用圆周角定理证明圆内接四边形的对角互补，学生沿着圆周角的方向思考即可。"设计二"的教学难点是将研究平行四边形的方法迁移至研究圆内接四边形。虽然这一研究方法在研究平行四边形的时候已经多次使用，但是从学习平行四边形到学习圆内接四边形，时间间隔比较长，学生的短时记忆作用已经不明显。此时，学生需要认识到圆内接四边形和平行四边形之间的本质关联，才能够实现研究方法的迁移。这就需要在课堂教学中给学生提供开放的思维空间，引导学生自主地发现特殊四边形的共性，通过将研究特殊平行四边形的方法迁移至对圆内接四边形的研究，进而迁移至对一般平面图形的研究。

3. 发展核心素养为高通路迁移提供生长能力。

数学核心素养是高通路迁移的源动力。单元整体下进行对核心素养的培养具有前后呼应和连贯性的特点。"设计二"以圆内接四边形为知识主线，以培养几何直观和推理能力为主线设计一个单元，这一单元的内容还包括：平行四边形、圆周角、点和圆的位置关系、正多边形和圆。单元内各部分的任务及核心素养主要表现如下：

章节	课题	单元任务	核心素养主要表现
18	平行四边形	为研究圆内接四边形提供可迁移的方法	几何直观：①能根据语言描述画出相应的图形。②能依据四边形的特征：边、角、对角线对四边形进行分类。③能建立特殊四边形组成元素之间的数量关系和位置关系。 推理能力：①理解命题的结构与联系，探索并表述论证过程。②从已有的命题出发，依据规则推出新的命题或结论。③形成逻辑表达与交流的习惯。④能通过特殊结果推断一般结果。
24.1.4	圆周角	为证明圆内接四边形的对角互补提供必要的知识	
24.1.4	圆内接四边形	学习概念和性质	
24.2.1	点和圆的位置关系	进一步理解圆内接四边形的特殊性	
24.3	正多边形和圆	进一步认识特殊的圆内接四边形	

新课程标准在课程实施部分指出：改变过于注重以课时为单位的教学设计，推进单元整体教学设计，体现数学知识之间的内在逻辑关系，以及学习内容与核心素养表现的关联。这里的单元可以是教材中自成一体的单元，如一次函数，也可以是多章组合的单元，如一次函数、二次函数、反比例函数合而为一的初中函数单元。还可以是以某个知识为主题，由与其具有核心素养强关联的知识组成的单元，如本文提供的案例 "圆内接四边形"。再比如以 "直角三角形" 为主题的单元整体可以由以下内容组成：4.3.3 余角和补角、13.3.2 等边三角形、17.1 勾股定理、17.2 勾股定理的逆定理、18.2.1 矩形、28.1 锐角三角函数。

从单元整体出发设计教学，有助于学生突破思维的边界，把握不同事物之间的本质关联，明晰思维的路径，实现在不相似的任务中完成迁移，逐步增强的解决问题的能力。

三、讨论式教学

学生是数学学习的主人，教师是数学学习的组织者、引导者与合作者。在教学的过程中，运用 "讨论式教学"，让学生在数学的学习过程中，通过合作讨论交流获得知识、增强技能、积累经验、提升素养。

"讨论式教学" 是在教师的主导下，师生围绕一个课题或者一个问题开展讨论，可以是个人准备、自由发言，可以分组讨论、准备、派代表发言，也可以分配指定人 "主讲"，大家进行评论质疑。

在数学的教学过程中，教师反复地讲解有些概念或易错题型，有时效果反而不好，学生表面上接受了，但是在应用时经常出现问题。注意引导并组织学生开展讨论，让学生通过讨论中出现的不一致观点，反思自己的结论是否正确、完善，体会概念的关键点，加深对易错题型的理解。在不断修正自己的结论或认识中，加深对知识的理解。通过讨论获得的知识给学生留下的印象更加深刻。

教师可以通过提问、倾听和回应来参与讨论。提问可以是 "有没有更多的其他结论呢？" "看谁想得多？" 等鼓励性、开放性问题，让学生发挥其主观能动性，调动其积极性。可以结合几个学生的发言来提问，如 "他们的观点有什么联系、区别？" 等。倾听不仅指学生要倾听发言同学的观点，教师也需要仔细倾听并从中捕捉发言学生所讲的关键点，可进一步地启发或延伸拓展。

教师、同学的回应也是讨论持续进行的动力之一，若能适当地给予回应，让学生沉思并讨论，学生的投入程度、专注程度以及收获程度就能大大提升。

（一）讨论的切入点和形式

讨论式教学没有固定的模式，也不是每节课都需要进行讨论。因此，在具体的教学实践中，要根据实际情况，选择合适的方法进行有效的讨论式教学。讨论式教学可以发挥群体的积极功能，引导学生积极主动地参与学习活动，在获得知识解决问题的过程中发散思维、培养合作、学会创新。既体现全面性、全体性，又体现差异性。其讨论形式主要有同桌讨论、小组讨论、全班讨论，线下讨论、线上讨论等。

1. 讨论的切入点。

（1）设置问题切入。

提出问题是激发学生积极思考和迫切进行讨论的动力。教师在设置问题的时候要关注学生的学习情况、认知水平，同时也要贴近生活，做到目的明确、按需设问、把握时机、灵活设问，吸引学生的注意力，让学生集中到他们所关注的点上并展开讨论。

如在教学概率问题时，我们设置了这样的一个问题：

甲向周围的群众做宣传："两枚硬币，同时掷下，如果同时正面朝上，你可获得10元，否则你给我5元，来试试，看看你的运气如何？"路人乙听后，自言自语："同时朝上，我可获得10元，输了我只给对方5元，对我有利。"你认为呢？

以此吸引学生，让学生展开讨论，同学们各抒己见，有人认为对甲有利，有人认为对乙有利，产生了分歧、争论，为了说服对方，学生就展开了讨论，收集证据。最后有同学想到了从概率角度来说明，认定这个游戏不公平。大家达成共识后，还可以趁热打铁让学生讨论设计一个公平的游戏，让学生的能力得到进一步提升。

（2）将错就错切入。

在一元二次方程的教学过程中，有这样一道练习题：若 $x=1$ 是关于 x 的一元二次方程 $(a-2)x^2+(a^2-3)x-a+1=0$ 的解，求实数 a 的值。

很多学生直接把 $x=1$ 代入方程，求出 $a=\pm2$。

就该题的解题过程，请学生4人一小组展开讨论，议一议该解法是否正确。在讨论的过程中，学生发现了"一元二次方程"这个关键词，从而顺利解决了该问题，而且印象比较深刻。

再如在解直角三角形这部分的教学中，学生在解答下面这个题目时出现典型的错误，忽略在直角三角形的前提下，通过这个例子解答的对比讨论，让学生自己发现问题所在。

例：在 $\triangle ABC$ 中，$\angle A$，$\angle B$ 都是锐角，且 $\sin A = \dfrac{1}{2}$，$\tan B = \sqrt{3}$，$AB = 10$，求 $\triangle ABC$ 的面积。

错误解法一：

$\because \sin A = \dfrac{BC}{AB} = \dfrac{1}{2}$，$AB = 10$

$\therefore BC = 5$

又 $\because \tan B = \dfrac{AC}{BC} = \sqrt{3}$

$\therefore AC = 5\sqrt{3}$

$\therefore \triangle ABC$ 的面积为：$\dfrac{1}{2} \times 5 \times 5\sqrt{3} = \dfrac{25\sqrt{3}}{2}$

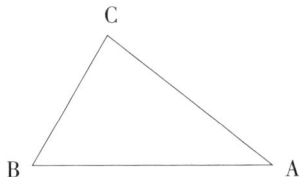

错误解法二：

$\because \sin A = \dfrac{BC}{AB} = \dfrac{1}{2}$，$AB = 10$

$\therefore BC = 5$

又 $\because \tan B = \dfrac{AC}{BC} = \sqrt{3}$

$\therefore AC = 5\sqrt{3}$

$\therefore AC^2 + BC^2 = 100$，$AB^2 = 100$

$\therefore AC^2 + BC^2 = AB^2$

$\therefore \triangle ABC$ 为直角三角形

$\therefore \triangle ABC$ 的面积为：$\dfrac{1}{2} \times 5 \times 5\sqrt{3} = \dfrac{25\sqrt{3}}{2}$

我在作业中发现了学生的错误解法，将解法板书在黑板上让学生讨论。有些学生开始的时候感到很困惑：为什么答案没错，老师却判断解答错误呢？通过讨论，学生发现漏了大前提：直角三角形。同时也发现了解法二逻辑混乱。最后学生一起想办法得出正确解法：

解：$\because \sin A = \dfrac{1}{2}$，$\tan B = \sqrt{3}$

$\therefore \angle A = 30°$，$\angle B = 60°$

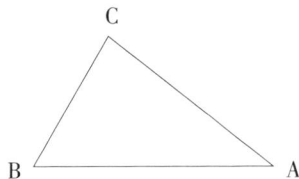

$\therefore \angle C = 180° - \angle A - \angle B = 90°$

在 Rt$\triangle ABC$ 中,

$\because \sin A = \dfrac{BC}{AB} = \dfrac{1}{2}$,$AB = 10$

$\therefore BC = 5$

又$\because \tan B = \dfrac{AC}{BC} = \sqrt{3}$

$\therefore AC = 5\sqrt{3}$

$\therefore \triangle ABC$ 的面积为:$\dfrac{1}{2} \times 5 \times 5\sqrt{3} = \dfrac{25\sqrt{3}}{2}$

(3)"看法不统一"切入。

学生在回答问题有不同看法时,教师可抓住机会,让学生合作探究、深入讨论,尝试说明理由。同时也可以培养学生的语言表达能力及虚心听取别人建议的品质。

例如:在一元二次方程的教学过程中,遇到这样一道题:一个长 30m,宽 20m 的长方形操场,现要将它的面积增加 3 倍,但不改变操场的形状,请问长和宽应各增加多少 m?

本题有两个关键点:"面积增加 3 倍"和"形状不变",开始有部分学生思路闭塞,不知道如何下手,通过小组讨论,在同伴的提醒和启发下,得到多种解法。如:

解法一:设长方形的长增加 x m,宽增加 y m,根据题意,得

$\begin{cases} (30+x)(20+y) = 30 \times 20 \times 4 \\ \dfrac{30+x}{20+y} = \dfrac{3}{2} \end{cases}$ 解得:$\begin{cases} x = 30 \\ y = 20 \end{cases}$

答:长方形的长增加 30m,宽增加 20m。

解法二:设长方形的长增加 $3x$ m,宽增加 $2x$ m,根据题意,得

$(30+3x)(20+2x) = 30 \times 20 \times 4$

解得:$x_1 = 10$,$x_2 = -30$(舍去)

$\therefore 3x = 30$,$2x = 20$

答:长方形的长增加 30m,宽增加 20m。

解法三:利用相似多边形的性质:面积之比等于相似比的平方。

原长方形的面积与现长方形的面积之比为 1:4,那么相似比为 1:2,

现在长方形的长为 60m,宽为 40m。

∴ 长方形的长增加 30m，宽增加 20m。

此时，教师引导学生继续讨论探究，这样的解法完整吗？哪种解法你认为最好？有少数学生在讨论过程中，发现了另一种情况。接着解法三的思路：原长方形的长（30m）增加了 10m，得到现在长方形的宽 40m；原长方形的宽（20m）增加了 40m，得到现在长方形的长 60m。因此，本题有两种方案：长方形的长增加 30m，宽增加 20m 或长增加 10m，宽增加 40m。

（4）"开放型"切入。

教材中有些开放型的问题，这类问题的答案不唯一，由于初中的学生思维较单一，往往得不到多个答案，这时采用讨论的形式效果会比较好。如在《相似三角形》这一章，找相似三角形的对数是一个难点，可放手让学生讨论。

例：在平行四边形 ABCD 中，M 为对角线 AC 上一点，BM 交 AD 于 N，交 CD 延长线于 E。

（1）图中有多少对不同的相似三角形？

（2）选其中的一对给予证明。

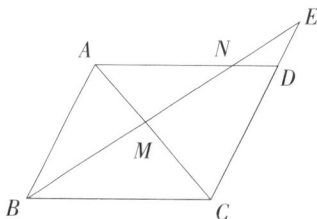

在图形中找到相似三角形不难，但想要全部找到就不容易了。通过讨论，每个学生都有自己的见解，但一个人的思考毕竟有限，通过大家的通力合作，相互点拨、启发，更多的学生能找到更多的相似三角形，直到把所有的相似三角形都找到。在此还可以让学生就找相似三角形的方法进行交流讨论，这样学生的能力可以得到更大的提高。

对于一题多解或多题一解的情况，都可以组织学生讨论，但要注意先给学生独立思考的时间，再进行小组合作或讨论交流。学生在讨论的过程中认真听取同伴的意见，在分析思考的基础上，完善自己的想法，品尝探究数学问题的艰辛过程和收获成功的喜悦。

2. 讨论的形式。

初中生对新鲜的事物比较感兴趣，为了吸引学生的注意力，教师在组织讨论的形式上要多样化，要在求真、求实的基础上求新、求变。教师还需要适当地控制讨论的节奏，保持学生对讨论主题的参与度。

（1）同桌讨论：对于难度不大，但容易考虑不周全、需要相互提醒的问题，可以采用同桌探讨的方式。

（2）小组讨论：以 4～6 人为一个小组，分工合作，适用于中等难度且需要相互协作的问题，可指定或由学生自选小组长，负责将该小组讨论的结果向全班同学表述。小组内每位成员都必须承担特定任务。例如，在抛掷两枚相同的硬币，求同时出现两个正面的频率的实验中，可安排 4 人一小组，一人监督，一人抛掷，一人记录并计算，一人向全班汇报本组结果。

（3）全班讨论：学生可以围坐成圆形或 U 形，这种讨论方式更具有激励性，教师可以在讨论的过程中鼓励学生相互了解，更大范围听取不同见解。比如前面的"设置问题切入"部分关于概率的例题，可以请两位学生用表演的方式呈现问题情境，这样更有吸引力，更容易激发学生讨论的热情。

（4）线上讨论：利用网络资源，让全班学生在班级学习群上留言讨论，百家争鸣。学生和教师可以在班级论坛上提出自己的观点。线上讨论可以给学生足够的思考、反应的时间，给不善言辞、比较内向或需要较长时间思考的学生提供发言的机会和交流的平台，让这部分学生也体会到讨论所带来的成就感和获得感。

3. 讨论的注意事项。

（1）明确讨论的要求。

要遵循一人发言他人倾听的规则，其他同学可在发言同学发言完毕后给予补充，或陈述自己的不同见解，表达尽量做到精练、通俗、清晰。

（2）讨论前要有充分的思考时间。

在组织讨论前要给学生独立思考的时间，让学生理清自己的思路，为后面的讨论做准备，若时间不够，学生没有认真独立思考，后面的讨论很可能就成了"形式主义"，没有实效性。

（3）调动学生讨论的积极性。

教师在讨论中对学生的发言要给予适当的回应。当学生的见解不成熟或有错误时，教师要以亲切、热情、真诚的态度给予鼓励，如："没关系，再讨论讨论，你可以发现其中奥妙的。"小组成员之间要倡导倾听、补充、完善解答方案，表达不同见解时要文明有礼。

（4）总结归纳必须明确。

学生在各抒己见后，教师需要引导学生对问题进行总结归纳，不是停留在表面的热闹场面，而是要落到实处。不然思维能力较弱的学生很可能会感到一头雾水，搞不清究竟哪一种观点是正确的、完备的。

四、五维并用培养初中生数感

数感是一种关于数字的直觉。直觉是直观感觉，是由人脑中若干记忆碎片与感官接收到的信息跳过逻辑层次综合在一起的结果。在教学中，可通过眼、耳、口、手、脑的活动调动人脑中的百亿细胞形成认知链接，生成数感。

1. 在对数的描述中培养学生对数的感受。

感受是一种体会和感想，是虽然简单却十分重要的心理现象。学生对数的感受是形成数感的基础。在小学阶段，学生从物体的多和少中感受自然数，在平分物品的过程中感受分数。在此基础上，初中阶段的教学应着力于培养学生对数字符号的感受，知道不同的符号表示不同的数，不同的数具有不同的属性。具有某些相同属性的数可以归为一类。按照不同属性对数进行分类可以得到不同的分类结果。对数字符号的内在感受可以通过语言描述这种外在形式呈现，反之，通过对数的描述亦能加强大脑对数字符号的感受。

案例1：认识有理数

师：请你任意说一个学过的数，并说明它的特征，不要重复说具有相同特征的数。

生1：1。

师：1既是正数又是整数，我们把它叫做正整数。

生2：-3既是负数又是整数，所以是负整数。

生3：$\frac{1}{5}$既是正数又是分数，所以是正分数。

生4：π。

师：π是无限不循环小数，我们这节课暂时不研究。还有没有？

生5：0.2。

师：你可以把0.2写成分数的形式吗？

生5：可以，是$\frac{1}{5}$。

师：$\frac{1}{5}$是一个什么样的数？

生5：$\frac{1}{5}$既是正数又是分数，所以是正分数。

师：有限小数和无限循环小数都可以写成分数的形式。比如 $0.2 = \dfrac{1}{5}$，

$0.3 = \dfrac{3}{10}$。有限小数转化成分数的方法在小学学习过，无限循环小数转化成分数的方法可以在学习了第三章《方程》以后来研究。

生 6：0 是整数，但不是正数，也不是负数。

师：很好！到目前为止，除了 π，我们学过的数都可以归入正整数、0、负整数、正分数、负分数这五类数中。大家可不可以将这五类数整合成两类？

生 7：正整数、负整数、0 都是整数，正分数、负分数都是分数。

师：非常好！以"是否为整数"为标准，可以将五类数整合成两类：整数和分数。那么整数和分数合在一起叫什么呢？

生（部分学生）：有理数。

该案例通过让学生说出一个数，并说出所说数的特征，引导学生回忆学过的数以及它们的属性，最终将学过的数分为正整数、0、负整数、正分数、负分数五类。说的学生和听的学生都需要思考数的特征，这一心理活动可以加深学生对数的属性的感受，为学习有理数概念以及对有理数进行分类做准备。让学生经历数的整理和分类过程，对数集产生初步的感受，引出有理数的概念，在头脑中建立起"新数"和"旧数"之间的联系。

2. 通过动手操作培养学生对数的感觉。

感觉是人脑对直接作用于感觉器官的客观事物的个别属性的反映，是初级的认识过程。引入无理数时，学生又一次遇到理解危机。人教版教材对无理数的定义是：无限不循环小数。举出的例子多为带根号的数，如：$\sqrt{2}$，$-\sqrt[3]{3}$ 等。这种符号形式本身就让学生感到陌生，加上"无限不循环"的特征，更增加了学生理解无理数的难度。人教版教材第 41 页的探究活动让学生通过动手操作将 $\sqrt{2}$ 和面积为 2 的正方形的边长对应起来，借助这一活动在课堂上让学生通过"画""量""拼""比""思"培养对数的感觉。

探究

能否用两个面积为 1 dm² 的小正方形拼成一个面积为 2 dm² 的大正方形?

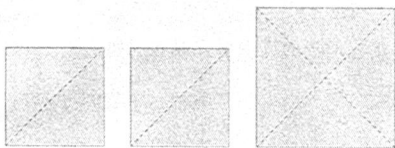

人教版教材第 41 页探究活动

案例 2：$\sqrt{2}$ dm 有多长

师：请同学们在纸上凭感觉画一条 1 dm 长的线段。

(学生活动：作图)

师：用尺子量一量，你画的线段和 1 dm 相差多少?

(学生活动：测量，比较)

师：请同学们在纸上凭感觉画一条 $\sqrt{2}$ dm 长的线段。

(学生活动：作图)

师：怎样才能知道自己画的线段长度和 $\sqrt{2}$ dm 相差得大不大呢?

(学生自由作答)

师：用刻度尺可以量出 $\sqrt{2}$ dm 的长度吗?

生：不可以。

师：请大家用课前准备好的两个面积为 1 dm² 的小正方形拼成一个面积为 2 dm² 的大正方形。

(学生活动：拼图，展示)

师：拼成的大正方形面积为 2 dm²，边长是多少?

生（齐声）：$\sqrt{2}$ dm。

师：观察大正方形的边长，感受一下 $\sqrt{2}$ dm 的长度。用大正方形的边长来比对你画的线段，看看差距大不大。

"纸上得来终觉浅，绝知此事要躬行。" 学生 "动手" 的方式可以有很多种。如当遇到 $\sqrt{3}$、$\sqrt{17}$、$\sqrt{41}$ 等无理数时，拼正方形的方法不再适用，可以借助几何画板，构造一个正方形，让学生拖动正方形的边长，观察正方形边长和面积的变化，加深学生对无理数的直观感受。在学习了勾股定理之后，可以借助数轴构造直角三角形，得到更多长度为$\sqrt{a}$的线段。

3. 借助数轴培养学生对数的感知。

感知即意识对内外界信息的觉察、感觉、注意、知觉的一系列过程。感知可分为感觉过程和知觉过程。学生对数的感觉始于具体的物，发展于抽象的符号。随着数集的扩大，数的抽象程度也不断加深，如：中国早在古代数学著作《九章算术》的"方程"一章就正式引入负数及其加减运算法则，并给出名为"正负术"的算法。一千多年后的公元1150年，印度人巴士卡洛才首先提到了负数。而在公元17世纪以前，对于负数，许多数学家一直采取不承认的态度。负数这一艰难的发展史足以说明它的抽象性，如此抽象的数，怎样让初一学生产生感知呢？这一难题可以借助数轴来解决。

案例3：数轴上的点和有理数

师（在数轴上点两个点）：数轴的功能是表示数。这两个点表示的数是什么？

生1：2，-3.5。

师：请同学们在数轴上标出数5.2和-5.2对应的点。

（生2在黑板的数轴上5和6之间靠近5的位置标一个实心点，在-4和-5之间靠近-5的位置标一个实心点）

师：大家认同吗？

生3：数5.2对应的点是对的，-5.2对应的点不对，应该在-5和-6之间。

师：是的，我们可以先找到-5，再向左边找0.2个单位。

师：请同学们在数轴上标出$-\frac{7}{4}$对应的点。

（生4在黑板的数轴上-1和-2之间靠近-2的位置标一个实心点）

师：你是怎样找到这个点的？

生4：先将$-\frac{7}{4}$化成$-1\frac{3}{4}$，把-1和-2之间的线段四等分，最靠近-2的点就是。

师：非常好。利用数轴上的点表示数时要特别注意负分数或负小数所对应的点的位置。可以先找到它的整数部分对应的点，再向左找小数部分。

数轴是初中数学的核心概念，数轴这一工具让抽象的数和具体的点对应起来，将数的分类直观地表现出来：原点左边的点表示的数是负数，原点右边的点表示的数是正数，原点表示的数是 0。用数轴上的点表示数是学生第一次用形表示数，也是学生把数和形统一起来的第一次尝试。案例 3 的教学设计让学生在 "从点到数" 和 "从数到点" 的过程中体会数和点之间的对应关系，加深对数特别是负数的直观感觉，有效实现对数从感觉到知觉的提升。在学习不等式组的时候，可以借助数轴让学生直观地看到 "解集的公共部分"，进而理解不等式组解集的概念。

数，是数学中的基本概念，也是人类文明的重要组成部分。数系在人类认识和运用数的历史发展过程中，逐步形成、不断扩大。学生对数的认知同样是逐步形成、不断加深的。因此对学生数感的培养也应遵循学生的认知规律，从对数本身的理解和感知开始。在教学中通过眼、耳、口、手、脑，在看、听、说、做、思的过程中将数的特征传递给大脑皮层并留下记忆。这种对数的感受、感觉和感知是培养更进一步的数感（理解、感悟数量关系）的基础，是用数学的方法对信息进行加工处理、解决实际问题的前提条件。

五、明辨未知数、变量和字母符号

用字母表示数是从算术到代数的重要标志，是学习代数的入门知识。《义务教育数学课程标准（2022 年版）》在课程内容第二学段对字母表示数提出如下要求：①在具体情境中能用字母表示数。②结合简单的实际情境，了解等量关系，并能用字母表示。我们在第三学段的教学中发现学生对 "用字母表示数" 的理解是模糊的，如在研究有理数运算律时，有些学生会认为：$a + b = b + a$ 中的 a 和 b 表示的是未知数。在学习单项式概念时，请学生观察式子：$100t$，$0.8p$，mn，$a2h$，$-n$，寻找它们的共同点. 部分学生脱口而出："含有未知数。"由此可见，理清未知数、变量和字母符号之间的关系是非常有必要的。

（一）字母符号和含字母的式子

符号是一个社会全体成员共同约定的用来表示某种意义的记号或标记。符号在生活中随处可见。如：通用公共信息标志、道路交通标志、消防标志、电子电器标志等，多以图形符号的形式呈现。除此之外，学生习以为常的文字、数字、拼音字母、英文字母也是符号。

字母符号在生活和数学中都具有多重意义，相同的字母符号在不同情境中可以表示不同的意义。字母符号在代数中的主要作用是表示数，用字母和用含字母的式子（代数式）可以表示数和数量关系。用含字母的式子表示数时，从整体的角度理解式子，它和单个的字母符号表示数的作用是相同的。了解字母符号在生活和数学中的广泛应用，能够帮助学生更清晰地理解字母符号。

案例1：认识字母符号（在人教版第四章几何图形初步复习课中使用）

课堂片段实录：

师（板书字母a）：这个符号怎么读？

生1（英文字母读法）：ei。

生2（拼音字母读法）：阿。

师：这个符号表示什么？

生3：英文字母。

生4：汉语拼音字母。

师：在英文中它表示英文字母符号，在汉文中它表示拼音字母符号。在数学中，它用来表示什么？

生5：数。

师：是的。在小学我们就学习了用字母表示数。除此之外，在数学中它还有没有其他的用途？

生6：可以表示未知数。

师：利用方程解决问题时，我们用未知的量和已知的量一起来表示数量之间的关系。未知的量一般用字母符号表示，即方程中的未知数。除此之外，还有没有？

生7：小写的字母a可以表示线段、射线和直线。

师：字母符号不仅可以表示数，还可以表示图形。由此可见，在不同的情境下，字母符号的意义不同，同学们在学习的过程中要注意区分。

该片段中教师设计问题，引导学生多方面、多角度观察字母符号。让学生体会相同的字母在不同情境中读音不同，表示的意义也不同，打破学生对字母表示数的定向思维，为字母在方程、函数问题中"身份"的转换埋下伏笔。

案例2：含字母的式子表示数（人教版教材在《整式的加减》第一节课引入环节使用）

教材章引言中提出以下问题：

青藏铁路线上，在格尔木到拉萨之间有一段很长的冻土地段，列车在冻土地段、非冻土地段的行驶速度分别是 100 km/h 和 120 km/h，在西宁到拉萨路段，列车通过非冻土地段所需时间是通过冻土地段所需时间的 2.1 倍，如果通过冻土地段需要 t h，能用含 t 的式子表示这段铁路的全长吗？

课堂片段实录：

对于该问题的处理学生给出答案：$100t + 120 \times 2.1t$，之后，师生进行如下对话：

师：式子 $100t$ 表示什么？

生：列车行驶的路程。

师：是列车在冻土地段行驶 t 小时的路程。式子 $120 \times 2.1t$ 表示什么？

生：列车在非冻土地段行驶 $2.1t$ 小时的路程。

师：式子 $100t + 120 \times 2.1t$ 表示什么？

生：这段铁路的全长。

师：根据小学学过的"用字母可以表示数"，你能进一步发现什么？

生：用式子可以表示数。

师：用含有字母的式子可以表示数。正因为用字母和用含有字母的式子可以表示数，所以用字母和用含有字母的式子也可以表示数量关系。接下来请大家完成第（3）问。

生：铁路的全长是 $100u + 120(u - 0.5)$。冻土地段与非冻土地段相差 $100u - 120(u - 0.5)$。

师：这里的 u，$u - 0.5$，$100u$，$120(u - 0.5)$ 分别表示什么？

生：u 表示通过冻土地段需要的时间，$u - 0.5$ 表示通过非冻土地段需要的时间，$100u$ 表示冻土地段铁路长，$120(u - 0.5)$ 表示非冻土地段铁路长。

从求列车行驶的路程到求铁路长，让学生体会用含有字母的式子可以表示数和数量关系。初步建立数和代数式之间的联系。通过多次练习加强学生对"含有字母的式子"的理解，提高学生的抽象能力，培养整体意识。

（二）字母符号和未知数

张奠宙教授曾在接受《时代学习报》记者采访时指出：将"含有未知数的等式"偷换为"含有字母的等式"在逻辑上是不允许的。此外，"含有字母的等式"种类很多，可以具有不同的意义。这就是说，"含有字母的等式"未必都是方程。方程只是"含有字母的等式"的一种情形。"未知数"可以用字母表示，但并不是只能用字母表示。字母可以用来表示未知数，但并不是所有背景中的字母表示的都是"未知数"。因为我们习惯上用字母符号表示未知数，所以有些学生甚至教师都认为未知数就是字母，字母就是未知数，这种认识是错误的。要使学生理解字母和未知数之间的关系，就需要理解算式和方程的区别。为此我们在方程概念课中设定如下教学目标：①理解用未知数可以表示数量关系；②知道用字母可以表示未知数；③建立字母、未知数和方程之间的联系。课堂处理如下：

案例3：七年级上册第三章《一元一次方程》第一课时《一元一次方程》概念教学片段实录

师（提出问题）：一辆客车和一辆卡车同时从 A 地出发沿同一公路同方向行驶，客车的行驶速度是 70km/h，卡车的行驶速度是 60km/h，客车比卡车早 1h 经过 B 地：A，B 两地间的路程是多少？

师：请大家用列算式和列方程两种方法来解决这个问题。

生1：$\dfrac{60 \times 70}{70 - 60}$。

生2：$1 \div (\dfrac{1}{60} - \dfrac{1}{70})$。

生3：设 A，B 两地间的路程是 $x$km，列方程：$\dfrac{x}{60} - \dfrac{x}{70} = 1$。

师：列算式和列方程两种方法最大的区别是什么？

生：方程有 x。

师：这里的字母 x 表示什么？

生：A，B 两地间的路程。

师：A，B 两地间的路程在这个问题中是未知数，怎样表示未知数呢？

生：用 x。

师：必须用 x 吗？

生1：也可以用 y。

生2：可以用 a。

师：未知数的表示方法有很多。古埃及曾用"堆"表示未知数，印度人曾用 O 下加一条竖线表示，宋元时代的中国用"元"表示未知数。现在世界通用的方法是用字母符号表示未知数。最为常用的是字母 x。

师：在解决实际问题时，首先要进行审题，审题就是要弄清楚题目中的已知数和未知数，以及它们之间的关系。在这个问题中，已知数和未知数分别是什么？

生：70 和 60 是已知数，x 是未知数。

师：有没有补充？

生：1h 是已知数。

师：在这个问题中客车和卡车的行驶速度、客车比卡车早到的时间是已知数，A，B 两地间的路程是未知数。列算式的方法是算术方法，它的特点是用已知数表示数量关系。列方程的方法是代数的方法，它的特点是用已知数和未知数来表示数量关系。列方程打破了列算式时只能用已知数的限制，是数学发展的一次进步。

通过介绍未知数的多种表示方法使学生理解字母只是表示未知数的一种方法，建立字母、未知数和方程之间的联系。字母可以表示未知数，因此可以用含字母的式子表示数量关系，建立方程和代数式之间的联系。理解代数方法和算式方法的区别，进而感悟方程的优越性。

三、字母符号、未知数和变量

如果说在方程问题中想当然地认为字母 x 就是未知数，对学生解决问题并没有明显的负面影响，那么在函数问题中，对变量的理解和表示、对函数和方程之间关系的理解，这部分学生的 "晕车" 症状就十分明显了。

函数是初高中数学中的核心内容。初中函数是学生对函数学习的起步阶段，打好函数的基础是保证日后对更深层次函数学习的首要任务和根本性要求。字母 x 和 y 在方程问题中常用于表示未知数。在初中函数概念中，用于表示变量。这看似简单的问题，却给很多学生带来困惑，致使对函数概念的理解模糊不清。

案例 4：八年级下册第十九章《一次函数》第一课时《变量与函数》概念教学片段实录

师：一般来说，在一个变化过程中，如果有两个变量 x 与 y，并且对于 x 的每一个确定的值，y 都有唯一的值与其对应，那么我们就说 x 是自变量，y 是 x 的函数。在函数的概念中，有哪几个关键点要特别注意？

生 1：两个变量 x 与 y。

生 2：对于 x 的每一个确定的值，y 都有唯一的值与其对应。

生3：x 是自变量，y 是 x 的函数。

师：变量是否一定要用字母 x 来表示？

生4：不一定。

师：在函数概念中，字母 x 和 y 仅仅是表示变量的一种通用形式，习惯上用字母 x 表示自变量，用字母 y 表示自变量的函数。在具体的问题背景中，可以选用不同的字母表示变量。如：在行程问题中，如果保持速度不变，行驶路程随着行驶时间的变化而变化，一般用字母 s 表示行驶路程，用字母 t 表示行驶时间，这时候表示变量的字母是 s 和 t，其中字母 t 表示自变量，字母 s 表示自变量 t 的函数。

案例5：字母 x 的身份转换（八年级下册第十九章第二节第三课时《一次函数与方程、不等式》教学片段实录）

师：已知一次函数 $y=2x+1$，当 $y=3$ 时，求 x。

生（板书）：$2x+1=3$，$x=1$。

师：在函数解析式 $y=2x+1$ 中，字母 x 表示什么？

生：自变量。

师：在方程 $2x+1=3$ 中，字母 x 表示什么？

生：未知数。

师：已知函数值求自变量的值即是将函数值代入解析式，解一个关于自变量的方程。反之，解一元一次方程相当于已知某个一次函数的函数值，求自变量的值。由此可见函数和方程之间有着密切的联系。从函数的角度看 $y=2x+1$，字母 x 和 y 表示变量，从方程的角度看 $y=2x+1$，字母 x 和 y 表示未知数。

字母 x 和 y 在不同的问题背景下，可以表示不同的意义。如在整式的运算中它们表示任意实数，在方程问题中，它们表示未知数，在直角坐标系中它们分别表示横轴和纵轴。字母的"身份"在一定的问题背景下是可以相互转换的。如在函数问题中，当已知一个变量 x（或 y）的值，求另一个变量 y（或 x）与其对应的值时，函数问题就转化成方程问题，表示"待定值"的字母 y（或 x）就是该问题中的未知数。

高中阶段对函数的定义是：若 A，B 是两个非空的数集，对于集合 A 中的任意一个数，通过对应法则 f，在集合 B 中都有唯一确定的数值 $f(x)$ 与其对应，则将 $f:A\to B$ 叫做从集合 A 到集合 B 的一个函数，记为 $y=f(x)$，集合 A 称作函数的定义域，集合 B 称作函数的值域，x 是自变量。如果初中阶段学生能够正确理解字母符号和变量之间的关系，在高中阶段学习函数时就很容易理

解 f 是表示对应法则的一种形式，$f(x)$ 也是表示变量的一种形式。

用字母符号表示数具有任意性、简明性和概括性的特点，用字母符号表示公式、法则和运算律更能彰显数学的本质。在教学中，教师应重视字母符号意识的培养，让学生理解字母符号只是一种表现形式，这种表现形式具有很强的灵活性，可以任意选取，但在特定的背景下又有其常用的、通用的方法。当明白字母符号是数学表达的一种方式，学生就不会被形式困扰，而是利用这种简洁的表达更好地理解数学的本质。

第三章　"育真数学"教学反思

第一节　圆的章节起始课如何教

圆是在学生学习了直线图形有关性质的基础上研究的一种特殊的曲线图形。是平面几何中基本的图形之一，不仅在几何中有重要地位，也是进一步学习数学以及其他科学重要的基础。圆的许多性质，比较集中地反映了事物内部量变与质变、一般与特殊、矛盾的对立统一等关系。圆也是一种美丽的图形，具有独特的对称性，无论从哪个角度看，它都具有同一形状。古希腊数学家毕达哥拉斯认为："一切立体图形中最美的是球，一切平面图形中最美的是圆。"圆的章节起始课以这句话引入，激发学生学习的兴趣。

一切立体图形中
最美的是球，
一切平面图形中
最美的是圆。

毕达哥拉斯
（古希腊数学家、哲学家）

圆对于学生来说并不陌生，在生活中随处可见圆形物体，在小学初步学习了一些与圆有关的知识，那么到了中学，我们为什么要继续研究圆呢？中学对圆的研究与小学有什么不同呢？教学中，首先请学生说一说小学学过的与圆有关的知识，摸准学生学习的起点。再让他们想一想生活中有哪些和圆有关的物体，然后展示几张有代表性的图片，用以说明在交通工具、体育用品、娱乐设施和工业设备中，都可以看到圆形的物体。进而引出：随着年龄的增长，我们对身边事物的观察和理解也更加深刻，这就需要我们掌握更多更深的知识。从这节课开始，我们将进行第二十四章的学习，对圆进行更加深入的研究。让学生体会继续学习圆的重要性和必要性。

由于这是一节章节起始课，我们用一棵知识树简单介绍这一章的主要内容：点和圆的位置关系、直线和圆的位置关系、正多边形和圆、弧长和扇形面积，并说明研究这些知识的基础是圆的有关性质，而研究圆的有关性质的基础是圆的有关概念，引起学生对本节课的重视。

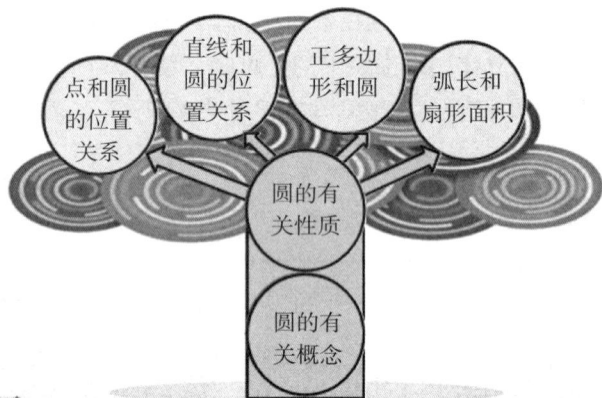

本章知识结构图

接下来该如何突破本节课的重点、难点呢？

在圆的概念教学中设计了以下四个环节：

（1）画圆。这对于学生而言并不难，小学已经学过如何使用圆规画圆。

（2）联想。教师设计问题：请同学们观察用圆规画圆的过程，能用前面学过的哪个知识来解释这一过程呢？部分学生能够发现：使用圆规画圆，实质上就是旋转。如果把圆规的一个脚看作线段 OA 的端点 O，另一个脚看作线段 OA 的端点 A，旋转圆规就相当于将线段 OA 绕着端点 O 旋转，画出的圆就是端点 A 所形成的图形。

（3）归纳。结合画圆的过程，给出圆的描述性定义：在一个平面内，线段 OA 绕固定的一个端点 O 旋转一周，另一个端点 A 所形成的图形叫做圆。其固定的端点 O 叫做圆心，线段 OA 叫做半径。再利用旋转的性质：对应点到旋转中心的距离相等。从集合角度对圆进一步刻画：圆心为 O，半径为 r 的圆可以看成所有到定点 O 的距离等于定长 r 的点的集合。

（4）应用。利用一个生活中的问题和一道几何证明题进一步加深学生对圆的理解。

在弦和弧的概念教学中设计以下五个环节：

（1）画图。画图是培养学生图感的最重要、最有效的方法。

（2）描图。在给定的图形中描出（可用手比画）给定的弦和弧。

（3）识图。在给定的图形中识别弦和弧。

（4）辨析。通过判断题加深学生对概念的认识。

（5）思考。设计问题：已知圆上两个点，你能得到几条弦？几条弧？为后面研究弦所对的弧作准备。

对于等圆和等弧的概念，由于课标要求"了解"，所以只设计了两个环节，一是给出概念，二是设计判断题加深学生对概念的认识。

课后反思：

这节课处理得比较好的地方：教学起点设定比较适当；对"理解"和"了解"把握得较为准确；注重知识之间的衔接；知识树设计形象，能够突出本节课在本章的重要地位。有待加强的地方：教学节奏把握要避免前松后紧；教师教学语言还可以更加精练；课堂小结环节对学生的引导启发仍需加强。

第二节 《实数》复习课教学反思

忙碌而充实的一个学期即将结束。期末考试是一个阶段性的检查和总结。学生可以通过答题了解自己对本学期所学知识的掌握情况，教师可以根据学生的作答了解自己一个学期的教学效果。期末复习的目的除了帮助学生在期末考试中取得好的成绩，获得学习的自信心和成就感，更主要的是培养学生梳理知识和查漏补缺的能力。通过期末系统的复习，进一步完善学生的知识结构，提高学生综合应用能力。为此，我计划用 3 节课复习《实数》这一章的内容，第 1 节进行知识的归纳梳理和基础题训练，第 2 节进行常见题型和易错题训练，第 3 节进行拓展训练。本节课是第 1 课时。

本节课设计了三个知识技能方面的教学目标：①通过思维导图形成知识网络。②通过学生的错题培养学生分析问题的能力。③培养学生归纳梳理、查漏补缺的能力。教学重点是通过思维导图形成知识网络。

教学难点是培养学生归纳梳理、查漏补缺的能力。以下是对几个主要环节的教学反思：

一、本章知识点数量估计

教师提出问题：请同学们估计本章共有多少个知识点？

学生给出估计值：10 ~ 20 个、25 个左右。

教学反思：这一环节激发了学生的好奇心，课堂气氛活跃。对于认真进行估计的学生，其宏观观察事物的意识和能力得以提升，另一部分学生是随口说出的一个数字，教师要注意正向引导。

二、知识点回顾

教师提出问题：你能回忆起哪些知识点？

学生共同回忆出 17 个知识点。

教学反思：这一环节有效唤起了学生对本章知识点的记忆，通过相互补充进行查漏补缺，班级整体学习态度向好的方向发展。

三、知识点展示

教师将本章内容分为四个模块：算术平方根、平方根、立方根和实数。每个模块下面又细化出 4 ~ 7 个知识点，共 21 个知识点。学生在知识点回顾的过程中遗漏了开平方和开立方运算中被开方数与开方结果的小数点的移动位数之间的关系，以及用符号表示平方根和算术平方根。

一、算术平方根

1. 概念：一般地，如果一个正数的平方等于 a，那么这个正数叫作 a 的算术平方根。

2. 规定：0 的算术平方根是 0。

3. 符号表示：$x^2=a$

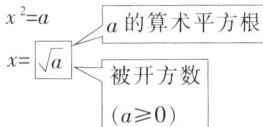

$$x=\sqrt{a}$$

$\sqrt{a}$ —— a 的算术平方根
—— 被开方数
$(a\geq 0)$

4. 被开放数越大，对应的算术平方根越大。

5. 被开放数的小数点移动的位数是对应的算术平方根的小数点移动位数的两倍。

二、平方根

1. 概念：一般地，如果一个数的平方等于 a 那么这个数叫做 a 的平方根成二次方根。

2. 符号表示：$x^2=a$

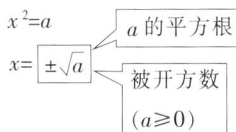

$$x=\pm\sqrt{a}$$

—— a 的平方根
—— 被开方数
$(a\geq 0)$

3. 求一个数 a 的平方根的运算叫做开平方。

4. 开平方与平方互为逆运算。

5. 正数有两个平方根，它们互为相反数；0 有一个平方根，0 的平方根是 0；负数没有平方根。

三、立方根

1. 概念：一般地，如果一个数的立方等于 a，那么这个数叫做 a 的立方根或三次方根。

2. 符号表示：$x^3=a$

$$x=\sqrt[3]{a}$$

—— 根指数
—— 三次根号 a

3. 求一人数 a 的立方根的运算叫做开立方。

4. 开立方与立方互为逆运算。

5. 正数的立方根是正数，负数的立方根是负数，0 的立方根是 0。

6. $\sqrt[3]{-a}=-\sqrt[3]{a}$

7. 被开方数的小数点移动的位数是对应的立方根的小数点移动位数的三倍。

四、实数

1. 概念：有理数和无理数统称实数。

　　无理数：有限小数或无限循环小数。

　　无理数：无限不循环小数。

2. 分类：

实数 ┬ 有理数 ┬ 正有理数
　　　│　　　├ 0
　　　│　　　└ 负有理数
　　　└ 无理数 ┬ 正无理数
　　　　　　　└ 负无理数

实数 ┬ 正实数 ┬ 正有理数
　　　│　　　└ 正无理数
　　　├ 0
　　　└ 负实数 ┬ 负有理数
　　　　　　　└ 负无理数

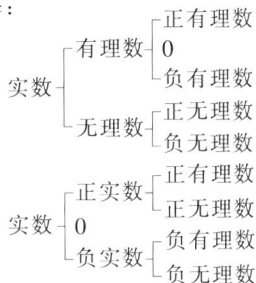

3. 实数与数轴上的点一一对应。

4. 实数的运算。

　　教学反思：学生在第二环节回顾知识时是随意的，凌乱的，所以出现重复和遗漏的情况。这一环节的展示让学生体会分类思想的优越性，同时在头脑中建立本章的知识模块，进一步激发了学生的学习积极性。

四、思维导图展示

在前面三个环节中，知识点是以孤立的形态呈现的。这些知识点之间有怎样的联系呢？课前教师要求每位学生制作一张本章的思维导图，教师从中挑选出几张具有代表性的展示，如：

学生1的导图从实数出发，依据课本中的课时安排，按知识学习的先后顺序展开。优点是内容全面，不足是没有体现出知识之间的横向联系。

学生2的导图从实数出发，根据实数的定义和运算两条线展开。优点是脉络清晰，不足是层次感体现得不够充分。

学生3的导图从实数出发，先呈现概念后运算，该生注意到了知识之间的横向联系，并对自己解题过程中的易错点进行了整理和归纳。不足之处是脉络不够清晰。

学生4的导图主要用于展示该生在学习过程中有疑问必有思考，并进行了个性化的归纳。这种学习态度值得肯定。

学生5其导图的特点在于该生对每一个概念都举出了相应的例子。特别是无理数常见的三种形式。不足之处是知识点和知识结构都出现明显错误。

教学反思：学生制作的思维导图局限于知识出现的先后顺序，纵向联系比较清晰，横向联系体现得不够。教师在此处给出新的思考角度：从已经学过的乘方运算出发，由乘方联想到平方、立方和开方，由开方联想到开平方和开立方。由开方的结果联想到有理数和无理数，进而得到实数的概念。引导学生尝试打开思维定式，建立知识之间的横纵联系，形成网络式的知识链接。教师的引导和示范打破了学生的思维边界，激发了学生的求知欲。如果将教师的导图画在黑板上，供有需要的学生慢慢观看、体会和消化，效果可能会更好。

五、错题分析展示

在前一天的作业中，选取有代表性的错题及错题分析进行展示，教师逐一点评。

教学反思：习题的功能是检测学生是否理解知识，是否能应用知识解决问题，引导学生根据自己的学习情况进一步查漏补缺，改进方法。通过这一环节的展示和分析，让学生认识到对于解答错误的题目要及时进行错因分析，不仅要知道如何解是正确的,还要找到错误的原因,才能够真正实现该题的功能。可以将学生的错题进行归纳分类,并将分类结果写在黑板上。

第三节 在待定系数法的应用中培养数感——《函数综合1》教学反思

2019年4月,我受邀在中山市东区团益学校举行"2019年东区初三专题复习示范课"教学研讨活动中上一节数学示范课,课题是《函数综合1》。

函数是初中阶段非常重要的一部分教学内容,也是中考重点考查的内容之一。主要考查函数解析式的求解、函数图像的识别或函数性质的应用。就函数本身而言难度并不大,但是以函数为背景的面积问题、动态问题常常让学生产生一种函数很难的错觉。所以我对函数综合的专题复习设计了三个课时的内容,第一课时以求解函数解析式为主,第二课时重点复习函数图像的综合,第三课时专门研究在函数背景下的几何问题。本节课是函数综合复习的第一课时。教学目标设定三个:①会用待定系数法在函数综合问题中正确求出函数解析式;②能利用函数解析式表示动点坐标及动点间线段长度;③渗透数形结合思想、转化思想。教学重点是会用待定系数法在函数综合问题中正确求出函数解析式。教学难点是能利用函数解析式表示动点坐标及动点间线段长度。教学设计及反思如下。

一、复习三种类型函数解析式

设计意图:加深学生对三种函数解析式的认识,通过对比,体会函数解析式在形式上的不同。

教学反思:教师在问答过程中关注学生对以下三个知识点和方法的掌握情况。①正比例函数是特殊的一次函数,特殊在 b 的取值为0。②正确区分函数解析式中表示变量的字母和表示常量的字母。③理解关于表示常量的字母取值的限定条件。教师根据学生的回答适当引导和鼓励,增强学生的学习信心。

1. 初中阶段在代数部分我们学习了哪几种函数?

➤ (1) 一次函数 ——— 正比例函数是特殊的一次函数

➤ (2) 二次函数

➤ (3) 反比例函数

二、利用待定系数法求函数解析式

设计意图:加强学生对待定系数法的理解和应用,通过设计开放题,培养学生解决问题的灵活性。

教学反思:这一环节的关键是学生要理解函数图像上的点的坐标与函数解析式中表示两个变量的字母之间的关系。学生比较容易理解利用待定系数法求函数解析式时,所列方程个数与待定系数的个数相同。思维较好的学生能够理解待定系数法将函数问题转化为方程问题体现了转化思想。

2. 已知点 A (1, 2),请你写出经过点 A 的一个一次函数:的解析式 $y=x+1$ 。

答案不唯一

待定系数法

1. 设函数数解析式
2. 代入解析式
3. 确定未知的系数
4. 得出函数解析式

$y = \dfrac{k}{x}$ $2 = \dfrac{k}{1}$ $k = xy = 2$ $y = \dfrac{2}{x}$

$y = kx+b$ $2 = k+b$

3. 请你添加适当的条件,使得经过点 A (1, 2)的一次函数的解析能够得以唯一确定。

方法1:再给出函数图像上一个点的坐标,如 B (2, 3);

方法2:给出 k 的值,如:$k=1$;

方法3:给出 b 的值,如:$b=-1$;

方法4:给出 k 和 b 的关系,如 $b=3k$。

二元一次方程组

方法1	方法2	方法3	方法4
$\begin{cases}2=k+b\\3=2k+b\end{cases}$	$\begin{cases}2=k+b\\k=1\end{cases}$	$\begin{cases}2=k+b\\b=-1\end{cases}$	$\begin{cases}2=k+b\\b=3k\end{cases}$

三、在函数综合问题中求函数解析式

设计意图:能够在复杂问题中寻找到解决问题的突破口,积累用待定系数法在函数综合问题中求函数解析式的活动经验。

教学反思：使用待定系数法所需要的条件有时是题目直接给出，有时需要根据已知条件推导，有时隐含在图形中，这一环节需要教师准确把握学生的最近发展区，引导学生梳理、归纳解题方法。

---

4. 如图，在直角坐标系中，直线 $y=kx+1$ ($k \neq 0$) 与双曲线 $y=\dfrac{2}{x}$ ($x>0$) 相交于点 P，则 $k = \underline{1}$。

分析：

把 P (1, m) 代入 $y=\dfrac{2}{x}$

得 $m=2$

把 P (1, 2) 代入 $y=kx+1$

得 $k=1$

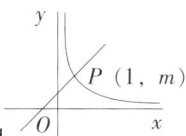

反比例函数 —→ 点的坐标 —→ 一次函数

---

5. 如图，已知顶点为 C (0, −3) 的抛物线与 x 轴交于 A，B 两点，直线 $y=x+m$ 过顶点 C 和 B，则抛物线解析式为 $y=\dfrac{1}{3}x^2-3$。

分析：设抛物线解析式为 $y=ax^2-3$

把 C (0, −3) 代入 $y=x+m$

得 $m=-3$ 即 $y=x-3$

当 $y=0$ 时，$x=3$ 即 B (3, 0)

把 B (3, 0) 代入 $y=ax^2-3$

得 $a=\dfrac{1}{3}$ 即 $y=\dfrac{1}{3}x^2-3$

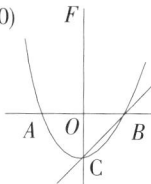

点 C 的坐标 —→ 一次函数 —→ 点 B 的坐标 —→ 二次函数

四、综合应用

设计意图：培养学生综合应用能力。

教学反思：根据动点位置判断动点之间的坐标关系及动点坐标和函数解析式之间的关系对学生而言是一个难点，此处需要再放慢一些节奏，给学生足够的时间去思考，教师可以从基础知识出发逐步引导，降低学生对综合问题的畏难情绪。

6. 如图，在平面直角坐标系中，抛物线 $y=-x^2+ax+b$ 交 x 轴于 A（1，0），B（3，0）两点，点 P 在抛物线上，且是线段 BC 的中点，点 D 是在直线 PB 上方的抛物线上的一个动点，过点 D 且与 y 轴平行的直线交直线 PB 于点 E。

（1）求抛物线解析式；

（2）求直线 BC 的解析式；

（3）求线段 DB 长的最大值；

（4）求三角形 BDP 面积的最大值。

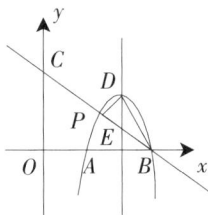

五、课堂小结

设计意图：培养学生归纳总结能力，加深对待定系数法求解析式的理解。

教学反思：学生对知识的梳理停留在简单回忆层面。教师从数学知识、数学方法、数学思想三方面进行归纳总结，结合对实际问题的回顾提炼数学思想方法，引起了部分学生的共鸣。

中山市东区团益学校是由深圳（国际）吉东教育集团创办的一所九年一贯制新型民办学校，主要生源是外来务工人员子女。校园占地 42 亩，有两个篮球场和一个 250 米塑胶环形跑道。校园虽面积不大，但处处干净整洁，给人以清爽、舒适的感觉。课前听说我所执教的班级在中山市数学统考中平均分为 60 分左右，我有点担心教学内容很难推进。可是一走进课室，孩子们友善的笑容、礼貌的问候让我的精神为之一振。开课第一个问题，孩子们积极、大胆、清晰的回答打消了我所有的顾虑。一节课在轻松愉快的氛围里完成我所有的预设。通过孩子们规范的答题、准确的表述，我不仅看到该班任课教师的教学功底，更看到一群具有强烈求知欲和进取精神的可爱的孩子。

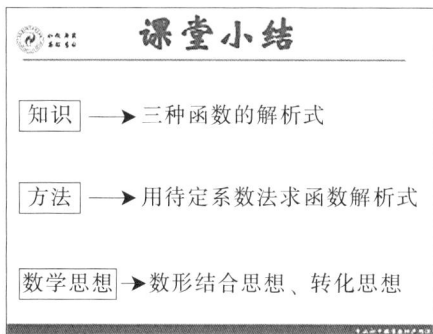

铃声响起，我宣布下课，孩子们起立，鞠躬，齐声说："谢谢老师，老师您辛苦了！"我鞠躬，回应："谢谢同学们！"孩子们窃笑，我不知道他们笑什么，但我能感觉到他们的笑声里没有恶意，所以也没有想太多。

在我收拾教学用具时，几个孩子跑到我跟前，略带羞涩地说："老师，您不用说谢谢我们的。"我愣了片刻，然后很认真地跟他们说："我要谢谢你们！因为和你们共度的一节课时光非常快乐！"

课后和他们的任课老师继续交流，得知老师姓夏，我对夏老师表达感谢的同时，特意委托夏老师向孩子们转达我的感谢！谢谢他们课堂上的认真！认真地听课、认真地思考、认真地答题！

第四节 巧辨象形图形，培养几何直观

在几何教学中，教师常常会从生活中的实物出发，让学生感受数学来源于生活。如黑板是长方形、节日的三角彩旗是三角形、蜜蜂巢里有六边形等。其实反过来，我们将几何图形与实物联系起来，也有利于帮助学生解决问题，培养几何直观。

一、展开想象的翅膀，品尝图形的趣味

在学习了平行线的知识后，我们遇到了像嘴巴一样的图1，发现在 $AD/\!/BC$，BD 平分 $\angle ABC$，$AB = AD$ 三个关系中任意知道两个便可以推出第三个，我们把这个图形命名为"嘴巴"。在学习了三角形内角和定理后，发现在如图2所示的两个三角形中，由于有一对对顶角：$\angle AOB$、$\angle COD$，所以可以得到

$\angle A + \angle B = \angle C + \angle D$，于是把这个图形取名为 "8 字形"。在学习三角形外角的性质定理时，发现三角形和它的一个外角形成的图形如图 3 所示，像一面旗帜，把它取名叫 "小旗"，图中角的关系是：$\angle ACD = \angle A + \angle B$。在学习了角平分线和三角形全等的知识后，通过证明可以得到当 BD 平分 $\angle ABC$，且 $BA = BC$ 时，$DA = DC$，这个图形像小鱼，所以叫它 "小鱼"。

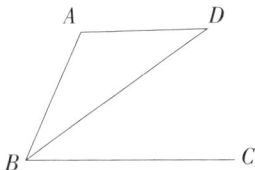

图 1

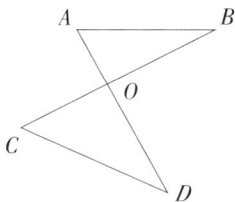

图 2

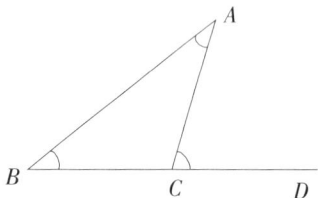

图 3

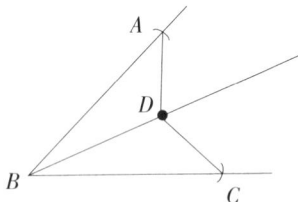

图 4

像 "嘴巴" 和 "小旗" 这样有趣的几何图形还有很多。如下图："箭头" 中有 $\angle A + \angle B + \angle D = \angle C$；"房子" 中有 $\angle A + \angle B + \angle C = 360°$；"麦当劳" 中有 $\angle A + \angle C = \angle B$；"窗帘" 中 $AE = DE$，$\angle AEB = \angle DEC$，$\angle ABE = \angle DCE$。

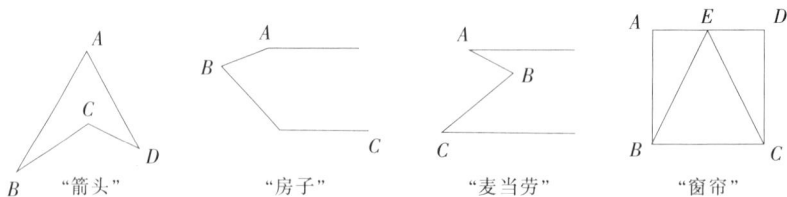

二、象形图形在平行四边形中的作用

"小旗" "嘴巴" 和 "8 字形" 在平行四边形中也很常见且有用。它们对学生理解平行四边形的性质有很大的帮助。如：一条对角线和另一条对角线的一半加上一条边可以形成一个"小旗"。对于一般的平行四边形，它的旗面就是一般的三角形。而对于特殊的平行四边形，它的旗面就是特殊的三角形。如矩形的"小旗"旗面是个等腰三角形，菱形的"小旗"旗面是个直角三角形，正方形的"小旗"旗面是个等腰直角三角形。这实际上是由对角线的数量关系和位置关系决定的。

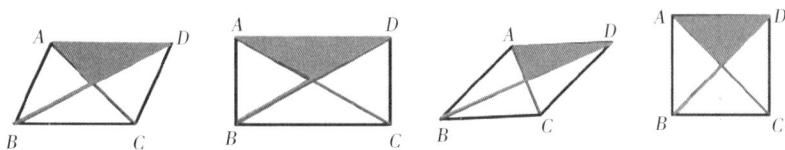

平行四边形中的"小旗"

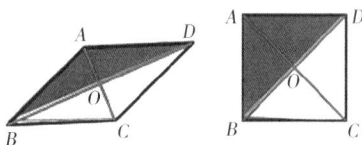

菱形、正方形中的"嘴巴"

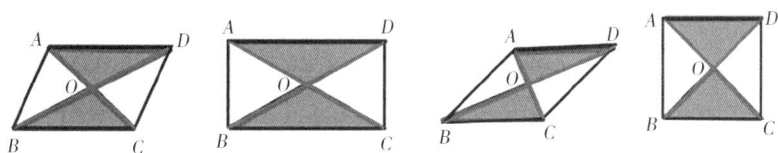

平行四边形中的"8字形"

三、在复杂图形中对象形图形的识别有助于寻找到解题思路

复杂的几何图形往往是由简单图形组合而成的，如果能够快速找到组成复杂图形的简单图形，就可以快速找到解题思路。如，已知如图1，菱形$ABCD$，点E、F分别是AB、CD上的点，且$BE = DF$，EF交对角线BD于点G。判断：AG与BD的位置关系。

在这个图形中含有一个由$\triangle BGE$和$\triangle DGF$组成的"8字形"，由此可以快速得到G点是BD的中点，由菱形的性质可得$AB = AD$，所以根据等腰三角形

"三线合一"定理可得到 AG 和 BD 是垂直关系。

再如图2，已知正方形 $ABCD$，点 E 是 AD 中点，EC 交对角线 BD 于点 F，EB 交 AF 于点 G。求证：$AF \perp BE$。

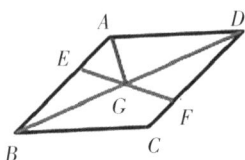

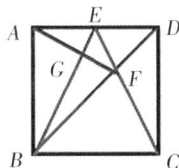

图1　　　　　　　　　　图2

在这个图形中，由 $B-A-E-C-D-E$ 组成的"窗帘"易得 $\angle ABE = \angle DCE$。由 $F-A-B-C-F-D$ 组成的"小鱼"易得 $\angle FAB = \angle FCB$。由 $\angle FCB + \angle DCE = 90°$，得 $\angle FAB + \angle ABE = 90°$，问题得到解决。

学音乐要有乐感，学英语要有语感，学数学就要对数字和图形有感觉。用实物形象地理解几何图形不仅可以提高学生学习数学的兴趣，还可以帮助学生快速识别复杂图形、找到思路、解决问题。但是也不能盲目地死记图形，要根据题给的已知条件和图形特征进行判断，灵活应用。

第五节　观课反思1：等腰三角形是轴对称图形可以作为几何证明的依据吗

我曾有幸担任中山市第七届初中数学教师教学竞赛复赛评委，听了36位老师的赛课，与同行大咖交流探讨，收获良多。返校后第一时间在工作室成立"初中数学核心定理和概念片段教学研究小组"，并记录下我观课的困惑和思考以及后期研究小组的教学设计。

观课记录：一位选手关于"叙述并证明等腰三角形的性质1"的片段教学（节选）。

教师引入：同学们，我们知道等腰三角形是轴对称图形，如果我将等腰三角形（用卡纸做了一个等腰三角形模型）沿对称轴折叠，两个底角是重合的，所以我们可以得到这两个底角相等。

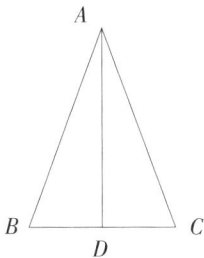

下面我们进行证明：

已知：在△ABC 中，$AB = AC$，AD 是中线。求证：$\angle B = \angle C$。

问题："等腰三角形是轴对称图形"这一结论能否作为几何证明的依据？

思考：

（1）学生是通过动手操作和直观感知得到"等腰三角形是轴对称图形"这一结论的，并没有经过严格的推理证明，它可以帮助学生进一步去发现和猜想，但不能作为证明的依据。

（2）人教版九年级上册第二十四章第一节第二课时《垂直于弦的直径》中，教材是利用圆的轴对称性得到的垂径定理及有关的结论。但在此之前，对于圆的轴对称性，教材给出了详细的证明。

（3）该选手将命题（等边对等角）的题设转化成几何语言：在△ABC 中，$AB = AC$，AD 是中线。增加了一个条件"AD 是中线"（来自折痕），改变了命题（等边对等角）的题设，所以后面的证明不能用于说明命题（等边对等角）成立。

我们的设计：

教学重点：探索并证明等腰三角形的两个底角相等。

教学难点：添加辅助线构造全等三角形。

教学环节：

（1）教师带领学生一起画一个等腰三角形。

这一环节要注意以下三点：

①观察并提醒学生规范作图；

②教师作图也要规范，画三角形的腰可以用刻度尺也可以借助圆规（赛课中选手是凭感觉画的等腰三角形）；

③不要画成特殊的等腰三角形——等边三角形。

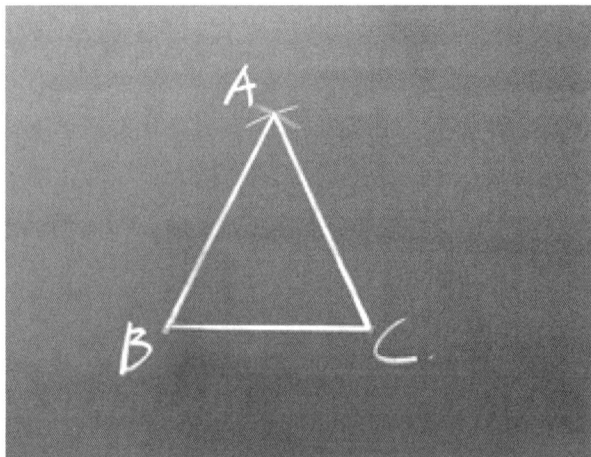

（2）可以将所作的等腰三角形剪下来，通过折叠，发现并猜想：等腰三角形两个底角相等。也可以通过目测或度量发现和猜想。

（3）将猜想用几何语言表述。

（4）证明猜想。

这一环节是教学的重点和难点，教师要引导学生通过作辅助线构造全等三角形。我们设计了如下问题以突破重难点：

（1）如何证明两个角相等呢？

（2）现有的图形中没有两个看似全等的三角形，如果没有，怎么办呢？

（3）题目已知条件中有两条线段相等，那么这两条线段的端点应该就是我们要构造的两个全等三角形的顶点，第三个顶点可能在哪些位置呢？

引导方法一：折痕让你想到了什么？

引导方法二：已知条件 $AB = AC$，即点 A 到线段 BC 两个端点的距离相等，根据前面学过的知识：与线段两个端点距离相等的点在这条线段的垂直平分线上，可以得到点 A 在线段 BC 的垂直平分线上，那么可不可以取线段 BC 的中点呢？

引导方法三：要证 $\angle B = \angle C$，这两个角有一条边在同一直线上，这让你想到了什么呢？引导学生发现第三个顶点应该在 BC 边上。

（4）如果取线段 BC 的中点 D，连接 AD，会有怎样的发现呢？（证明略）

（5）通过取线段 BC 的中点作中线，将等腰 $\triangle ABC$ 一分为二，可以得到两个全等的三角形，除了作中线还有没有其他的添加辅助线的方法呢？（引导学生想到作底边上的高或顶角的平分线，证明略）

第六节 观课反思2：如何在"等边对等角" 的基础之上研究"等角对等边"

观课记录：一位选手关于"叙述并证明等腰三角形的判定定理"的片段教学（节选）。

教师在黑板上凭感觉作出一个三角形，给出条件：$\angle B = \angle C$，引导学生根据图形猜想出 $AB = AC$ 后，为了证明猜想是正确的，进行如下分析：

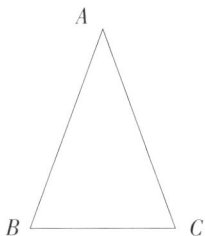

已知：在 $\triangle ABC$ 中，$\angle B = \angle C$，

求证：$AB = AC$。

我们可以通过证两个三角形全等来证明两条线段相等，可是图形中只有一个三角形，所以我们需要添加辅助线构造两个全等的三角形，怎样才能构造出两个全等的三角形呢？

我们知道判断两个三角形全等的方法有：SSS、SAS、ASA、AAS、HL。

如果想用"SSS"判断两个三角形全等就需要有三组边对应相等，但是我们没有边相等的条件，只有一组角相等的条件，因此，用"SSS"不合适。

如果想用"SAS"判断两个三角形全等就需要有两组边及其夹角对应相等，题目条件中有一组角相等：$\angle B = \angle C$，这两个角的边分别是 BA、BC 和 CA、CB，其中 BA，CA 就是需要证明相等的线段，所以用"SAS"也不适合。

如果想用"AAS"判断两个三角形全等就需要两组角和一组角所对的边对应相等，题目条件中有一组相等的角，怎样才能出现另一组相等的角呢？我们可以通过作角平分线，如果我们作 $\angle BAC$ 的平分线 AD，就可以得到 $\angle BAD = \angle CAD$，同时发现 AD 是 $\triangle BAD$ 和 $\triangle CAD$ 的公共边，所以能够用"AAS"证明两个三角形全等。

…………

问题：

（1）利用图形进行发现和猜想，如果作图不正确或不规范，这一环节还有意义吗？

（2）在证明"等角对等边"时，添加辅助线构造全等三角形是不是教学难点？

思考：

（1）在研究"等角对等边"时，师生需要先作一个有两个角相等的三角形，该选手在作图时没有使用量角器，也没有借助圆规，只是凭感觉作出一个三角形。这样得到的三角形未必符合两个角相等的条件，在此基础上的观察、发现和猜想是无效的。

（2）从三角形全等的判定定理出发，用排除法寻找解题思路，在初学三角形全等的判定时使用，可以加深学生对三角形边和角的位置的认识。经常使用，不仅耗时多，而且会让学生形成僵硬的程序化思维模式。

（3）在研究"等边对等角"时，已经着重研究了如何添加辅助线构造全等三角形，在研究"三线合一"时再一次巩固了添加辅助线的方法，所以添加辅助线构造全等三角形不应该是这节课的教学难点。

（4）本节课的研究方法和过程与研究"等边对等角"相似，学生可能觉得这是很简单的内容，很容易理解，没必要花时间研究。这种想法会影响学生的参与热情，所以教师要注意调动学生学习的积极性。

我们的设计：

教学重点：探索并掌握有两个角相等的三角形是等腰三角形。

教学难点：

（1）理解"等角对等边"和"等边对等角"之间的联系和区别。

（2）能够将研究"等边对等角"的方法迁移到对"等角对等边"的研究中。

类比分析：

环节	内容	方法	等边对等角	等角对等边	关联
一	作图 	方法1：用刻度尺和量角器。 方法2：借助圆规。	作一个三角形使得两条边相等。	作一个三角形使得两个角相等。	由"作相等的边"到"作相等的角"，加深学生规范作图意识。
二	观察、发现、猜想	方法1：折叠。（将在纸上作的三角形剪下来）方法2：目测。方法3：度量。	在同一个三角形中相等的两条边所对的角相等。	在同一个三角形中相等的两个角所对的边相等。	由对线段长短的直观感知到对角度大小的直观感知，进一步培养学生的图感。
三	证明	方法1：作∠BAC的平分线	利用"SAS"证明两个三角形全等。	利用"AAS"证明两个三角形全等。	将研究"等边对等角"时添加辅助线的方法迁移到对"等角对等边"的研究，同时利用方法3引导学生体会添加辅助线的方法不同，答题过程的繁简度不同。
		方法2：作BC边上的高。	利用"HL"证明两个三角形全等。	利用"AAS"证明两个三角形全等。	
		方法3：作BC边上的中线。	利用"SSS"证明两个三角形全等。	增添辅助线，证明两次三角形全等。	
四	得出结论	归纳总结	等边对等角	等角对等边	条件和结论交换。

教学环节：

（1）前言：今天我们要研究一个看似简单，实则耐人寻味的问题，同学们在学习过程中不要想当然，要认真观察和思考。

（2）问题1：请同学们回忆前面我们是如何研究等边对等角的？

如果学生回答不出，教师追问：我们的研究分哪些步骤？

引导学生回忆：①作图；②观察、发现并猜想；③证明；④得出结论。

问题2：如果我们将条件变一变，已知一个三角形里有两个角相等，怎样来研究边的关系呢？

如果学生回答不出，教师追问：我们可以设计哪些步骤呢？

引导学生说出：①作图；②观察、发现并猜想；③证明；④得出结论。

问题3：这样做可不可行呢？让我们来试一试。

（3）作图：

让学生体会研究等边对等角时作的三角形是满足两条边相等，这节课作的三角形要满足两个角相等。

这一环节要注意以下三点：

①要让学生真正动手，并关注学生是否正确、规范作图。

②作两个相等的角可以用量角器，也可以借助圆规。借助圆规作一个角等于已知角时可以边作边口述作法，让学生看到作图痕迹，确定所作三角形满足两个角相等的条件，然后擦去作图痕迹（便于观察）。

③不作特殊的等腰三角形——等边三角形。

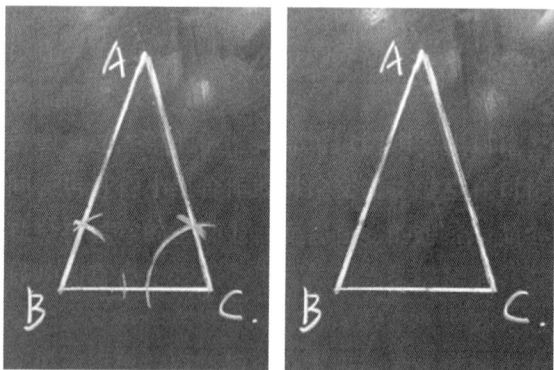

（4）观察、发现并猜想：

可以将所作的三角形剪下来，通过折叠，观察、发现并猜想：在同一个三角形中相等的两个角所对的边相等。也可以通过目测或度量进行发现和猜想。

（这一环节和研究"等边对等角"相似，教师引导学生自己完成。）

（5）证明：

①将猜想用几何语言表述。（这一环节和研究"等边对等角"相似，教师引导学生自己完成，注意观察条件和结论发生了怎样的变化）

已知：在△ABC中，∠B = ∠C。求证：AB = AC。

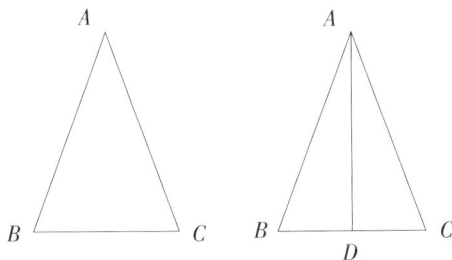

②证明猜想。

由学生自己完成，如果学生没有思路，教师可以利用以下问题进行引导。

问题1：在研究"等边对等角"和"三线合一"的时候，我们是怎样添加辅助线的？

问题2：今天这节课还可以用那些方法吗？

方法一：

作∠BAC的平分线AD，得到一条公共边AD，一组相等的角∠BAD = ∠CAD，加上已知条件∠B = ∠C，可不可以证明△ABD和△ACD全等？

（引导学生观察条件中边和角的位置关系，得出由"AAS"可以证得两个三角形全等。）

方法二：

过点A作AD⊥BC于点D，得到一条公共边AD，一组相等的角∠ADB = ∠ADC = 90°，加上已知条件∠B = ∠C，可不可以证明△ABD和△ACD全等？

（引导学生观察条件中边和角的位置关系，得出由"AAS"可以证得两个三角形全等。）

方法三：

取线段BC的中点D，连接AD，得到一条公共边AD，一组相等的边BD = CD，加上已知条件∠B = ∠C，可不可以证明△ABD和△ACD全等？

（引导学生观察条件中边和角的位置关系，得出由"SSA"不可以证得两个三角形全等。）

教师追问：这条路还能不能往下走？

教师引导：我们知道等腰三角形具有三线合一的性质，通过方法一和方法二的证明，我们得到△ABC是等腰三角形，那么在△ABC中，BC边上的中线、BC边上的高和∠BAC的平分线本质上是同一条线段。作BC边上的高和作∠BAC的平分线能解决的问题，作BC边上的中线按道理讲应该能解决的呀。

教师引导学生思考：过点D作DE⊥AB于点E，过点D作DF⊥AC于点F，通过证明两次三角形全等可以得到AB = AC。

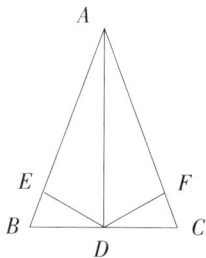

（6）得到等腰三角形的判定方法：如果一个三角形有两个角相等，那么这两个角所对的边也相等（简写成"等角对等边"）。

第七节　找准失联点　夯实基本功

历年中考，几何综合题都是学生的难点、教师的痛点。在2020年第22题的教学过程中，我们发现提升综合题的解题能力，关键是要找到学生思维断链的地方，将其接补上。

【题目】22. 如图1，在四边形ABCD中，AD//BC，∠DAB = 90°，AB是⊙O的直径，CO平分∠BCD。

（1）求证：直线CD与⊙O相切；

（2）如图2，记（1）中的切点为E，P为优弧ABE上一点，AD = 1，BC = 2。求 tan∠APE 的值。

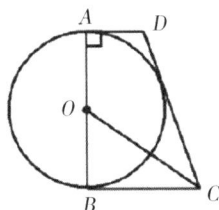
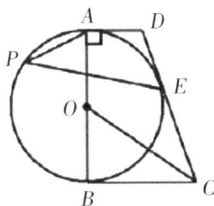

图1　　　　　　　　　　图2

【难度系数分析】该题的难度系数是 0.35。难度系数反映试题的难易程度，即考生在一个试题或一份试卷中的失分程度。难度系数的计算公式为：

$$L = \frac{X}{W}$$

其中，L 为难度系数，X 为样本平均得分，W 为试卷总分。

该题是一道 8 分题，难度系数为 0.35，也就是样本平均得分为 2.8 分。该题的第一小问属于基础性问题，单项难度系数估计远高于 0.35，又或者说样本得分的主要来源应该是第一小问。由此推断，第 2 小问的得分率远低于 0.35。

【解法分析】

思路 1：

第 2 小问是求角的正切值的问题．初中阶段学生学习了求一般的锐角三角函数值需要在直角三角形的前提下进行，知道锐角的度数和其三角函数值是一一对应关系，也就是角度确定了，锐角的三角函数值就确定了，反之亦然。

该题要求 $\angle APE$ 的正切值，由题意和题给图形可知 $\angle APE$ 是一个度数确定、位置不确定的角。根据同弧所对的圆周角相等和直径所对的圆周角是直角，可以把求 $\angle APE$ 的正切值问题转化成求 $\angle ABE$ 的正切值问题。根据正切的定义，问题进一步转化成求线段 AE 和 BE 的长。

转化过程如下：

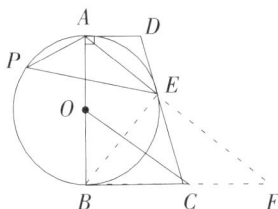
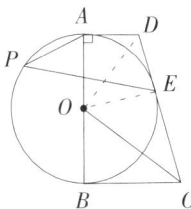

如图，连接 BE，延长 AE 交 BC 延长线于点 F，由圆周角定理得：$\angle APE = \angle ABE$，$\angle AEB = 90°$。

由 AB 是 $\odot O$ 的直径，$AB \perp AD$，$AB \perp BC$，得 AD，BC 都是 $\odot O$ 的切线。

由切线长定理得：$CE = BC = 2$，$DE = AD = 1$。由 $AD // BC$ 得 $\angle DAE = \angle CFE$，$\angle ADE = \angle FCE$。进而得 $\triangle ADE \backsim \triangle FCE$，$\dfrac{AE}{EF} = \dfrac{DE}{CE} = \dfrac{1}{2}$。

设 $AE = a$（$a > 0$），则 $EF = 2a$。易证 $\triangle BEF \backsim \triangle AEB$。

根据相似比得 $\dfrac{BE}{2a} = \dfrac{a}{BE}$。

进而得 $BE = \sqrt{2}a$。

所以 $\tan \angle APE = \tan \angle ABE = \dfrac{\sqrt{2}}{2}$。

思路 2：

连接 OD，OE。

易证 $\triangle ADO \backsim \triangle BOC$。

根据相似比求出半径长为 $\sqrt{2}$。

由同弧所对的圆周角是圆心角的一半，得到 $\angle APE = \dfrac{1}{2} \angle AOE = \angle AOD$。

在 Rt$\triangle AOD$ 中可求 $\angle AOD$ 的正切值，进而得到 $\angle APE$ 的正切值。

思路 3：

由思路 2 得到半径的长为 $\sqrt{2}$。

由思路 1 将求 $\angle APE$ 的正切值问题转化成求 $\angle ABE$ 的正切值问题。

由 $OB = OE$，$CB = CE$，得到 $OC \perp BE$。根据同角的余角相等，得到 $\angle ABE = \angle BCO$。在 Rt$\triangle BOC$ 中可求 $\angle BCO$ 的正切值，进而得到 $\angle APE$ 的正切值。

思路 4：

求半径的长也可过点 D 作 $DF \perp BC$ 于点 F。在 Rt$\triangle DFC$ 中根据勾股定理得到 DF 的长为 $2\sqrt{2}$。

进而得到半径的长为 $\sqrt{2}$。

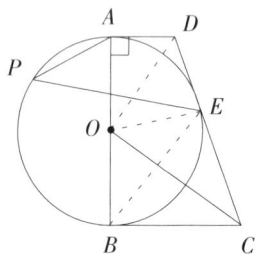

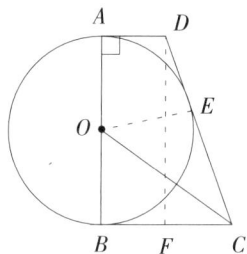

【难点分析】

（1）思路 1 中构造 △FCE 相似于 △ADE 是难点。

（2）思路 2 中发现 ∠APE 和 ∠AOD 的相等关系，发现 △ADO 和 △BOC 的相似关系是难点。

（3）思路 3 中发现 ∠ABE 和 ∠BCO 的相等关系是难点。

（4）思路 4 中构造 Rt△DFC 是难点。

【教学建议】

1. 渗透优化思想。

最优化概念反映了人类实践活动中十分普遍的现象，即要在尽可能节省人力、物力和时间的前提下，争取获得在可能范围内的最佳效果。教学中可以在求最值问题中让学生感受在不同的条件下可能会产生不同的结果、和学生生活比较贴近的如销售问题等。也可在一题多解后的总结中渗透优化思想。还可以在班级的常规管理中、学生生活的点滴事物中渗透优化思想。

2. 加强对基本图形的理解和应用。

几何综合题的组成元素是基本图形，要加强学生对综合图形的识别能力，首先需要加强学生对基本图形的理解。本题的四种思路中涉及的基本图形有以下六个，教师可以引导学生通过题目的已知条件寻找发现路径，学生可以在学习的过程中通过观察和作图提升几何直观，夯实基本功。

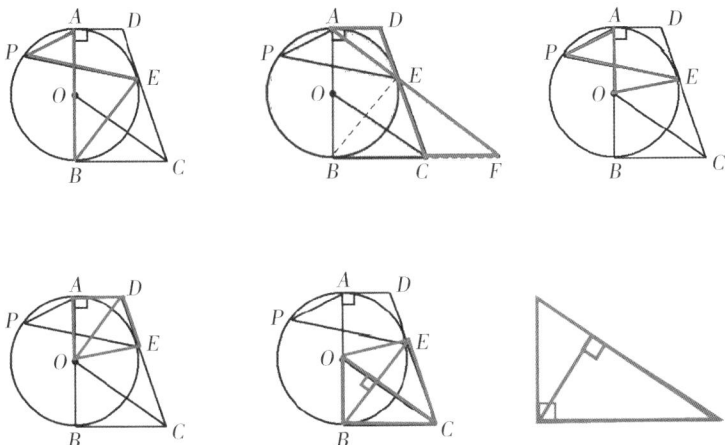

3. 找准失联点，提升对复杂图形的识别能力。

在熟悉掌握基本图形的前提下，要提升学生对复杂图形的识别能力，需要在图形之间建立链接。既要在宏观上把握图形的整体结构，又要关注基本图形之间的链接点。学生思路的断链往往是因为链接点缺席，教师要引导学生找准思维失联点，通过加强对思维失联处的链接点特征的把握，加深对图形的识别能力，学生在学习的时候要学会自我分析，充分了解自己对各类图形的掌握情况，有针对性地加强练习。

第八节　一道例题的反思

人教版教材第 69 页例 8 要做大小两个长方体纸盒，尺寸如下（单位：cm）：

	长	宽	高
小纸盒	a	b	c
大纸盒	$1.5a$	$2b$	$2c$

（1）做这两个纸盒共用料多少平方厘米？

（2）做大纸盒比做小纸盒多用料多少平方厘米？

在第一次讲解这道例题时，我首先让学生自学，然后提出几个问题：

（1）$2ab + 2bc + 2ca$ 和 $6ab + 8bc + 6ca$ 分别表示什么含义？

（2）求两个纸盒共用料多少平方厘米用什么运算？

（3）求做大纸盒比做小纸盒多用料多少平方厘米用什么运算？

（4）需要注意哪些问题？

我认为这道例题很简单，学生的反应也很好，所以一节课下来我觉得很轻松，感觉学生掌握得也挺好。可是在练习中有一道类似的题目让我傻眼了，全班只有三分之一的学生能够完全正确地解答出来。我认真研究了学生出错的原因：

（1）不知道长方体的表面积即六个面的面积总和；

（2）在计算面积时采用 $2(3ab + 4bc + 3ca)$ 的列式，但是下一步的运算错解为 $(24ab + 32bc + 24ca)$，原因是将 2 与单项式 $3ab$ 中的每一项进行了乘法运算，即 $2 \times 3 \times 2 \times a \times 2 \times b$；

（3）死记方法。

反思我教学过程中的问题有以下四点：

（1）没有站在学生的角度对例题难度做出正确评价；

（2）个别学生的正确回答掩盖了其他学生的问题，对学生的整体水平估计过高；

（3）没有让学生经历探究的过程，学生的学习是被动地接受；

（4）没有关注细节。

第二次讲解这道题时我采用了以下方法：

（1）将问题情境生活化。

这是一道单纯的数学题，毫无趣味在其中，自然不能激发学生研究的兴趣。我给问题添加了一个情境：××地区洪灾牵动了全国人民的心，李俊和张洪准备送一些礼物给灾区的小朋友，他们准备制作长、宽、高如下表所示的纸盒装礼物。

	长	宽	高
李俊	a	b	c
张洪	$1.5a$	$2b$	$2c$

如果他们一起去买材料，那么总共需要买多少？张洪比李俊多用多少材料？

（2）分小组进行讨论，教师巡视，收集学生中出现的错误。

（3）变式练习。将纸盒问题改成游泳池问题，将长方形问题转化成圆形、三角形问题，将面积问题转化成体积、周长问题。

（4）让学生各抒己见，谈一谈学习的心得体会，教师引导，让学生进一步体会整式加减在生活中的应用。

整一节课就围绕这一道题展开、拓展。课后我再将那道曾经给我带来失败体验的题目给学生做，多数学生都能解得出来，使我很有成就感。吸取教训，总结经验，我对自己的数学课堂教学提出以下两点要求：

（1）精心备好每一节课、每一道例题，精心设计每一份练习。

数学课的特点之一是通过例题学习知识、提高能力。对于例题的处理，要么不讲，要讲就要精心设计。蜻蜓点水或走马观花式的处理例题是不可能有好的效果的。另外不能就题讲题，要关注学生的思维发展。

（2）数学课不应是为了教而教，应该是为了学而教，所以要充分发挥学生的主体作用。让学生参与到问题的探究中，给学生思考、动手的时间和空间，真正让探究过程成为课堂教学的主旋律。让学生在探究中学习、学习中探究，让学生摸着石头过河。只有这样才能激发学生的兴趣和求知欲，加深学生的理解和记忆。

第九节　关于无理数的思考

　　无理数是初中数学学习中非常重要的一个概念，然而由于其涉及的数学理论较深，在教学中不易深挖。本节以无理数概念中四个核心问题为载体，呈现笔者在无理数概念中深入浅出的教学思考，既抓住概念本质，又遵循初中学生的认知规律，循序渐进，逐步渗透。

　　随着无理数的引入，数的范围从有理数扩充到实数。初中阶段主要在实数范围内研究数学问题，因此无理数是初中阶段非常重要的一个概念。无理数概念涉及的数学理论较深，其中有些问题即使放到高中，学生也很难理解，因此在教学中不易深挖，但这并不表示教师对于无理数概念的理解也可以止于表层，相反，教师只有经过深度思考，才能在教学中深入浅出，举重若轻。为此，笔者将自己在研究无理数概念教学过程中思考得较为深入的四个核心问题归纳如下：

　　问题一：小数、分数、有理数之间有着怎样的关联？

　　人教版教科书（以下简称教科书）第一章第二节给出有理数的定义：整数和分数统称有理数，并在正文右侧给出如下注释：因为这里的小数可以化为分数，所以我们也把它们看成分数。第六章第三节，在对 6 个分数进行小数形式的转化后给出：任何一个有理数都可以写成有限小数或无限循环小数的形式。反过来，任何有限小数或无限循环小数也都是有理数。

　　【深度思考】

　　教科书对无理数的定义建立在有理数十进计数制表示的基础之上，以上结论对理解无理数及实数的概念至关重要。

　　思考 1：用长除法理解任何一个有理数都可以写成有限小数或无限循环小数的形式。

　　因为整数可以看做分母为 1 的分数，所以有理数（rational number）也可理解为可比的数，即形如 $\frac{q}{p}$（p，q 是整数，且 $p \neq 0$）。对 q，p 实施长除法运算，即 $q \div p$，所得余数一定是大于或等于 0 且小于 p 的整数，如果余数列出现

0，则余数列是有限的（最后一项为0），$\dfrac{q}{p}$可表示为有限小数，如果余数列始终没有出现0，当余数列项数大于p时，余数列中至少有两项相等，于是出现重复，$\dfrac{q}{p}$可表示为无限循环小数。例如，$\dfrac{163}{13}$的十进计数制表示为12.538461538461…，长除法运算过程如下：

第1次出现余数7

第2次出现余数

因为10分解质因数可得2×5，所以分数表示化十进计数制表示，也可归纳为：一个最简分数，如分母分解质因数只含有2和5，则可化成有限小数；如含有2和5以外的质因数，则可化成无限循环小数。

思考2：用方程思想理解任何有限小数或无限循环小数都是有理数。

有限小数化分数比较容易理解，即整数部分加小数部分。小数部分数位从左向右依次为十分位、百分位、千分位……，计数单位依次为十分之一、百分之一、千分之一……例如，1.3可化成$1 + \dfrac{3}{10} = \dfrac{13}{10}$，1.03可化成$1 + \dfrac{3}{100} = \dfrac{103}{100}$。

无限循环小数可分为纯循环小数和混循环小数。纯循环小数化分数也是整数部分加小数部分，不同的是小数部分具有无限和循环两个特点，将纯循环小数中的小数部分化成分数的方法是：分子是一个循环节的数字组成的数，分母中各位数字都是9，9的个数与循环节中数字的个数相同。这一方法可利用方程来理解，以 $0.3939\cdots$ 为例，设 $x = 0.3939$，则 $100x = 39 + x$，$100x - x = 39$，$99x = 39$，$x = \dfrac{39}{99}$，约分后得 $x = \dfrac{13}{33}$。对于 $12.3939\cdots$，只要加上整数部分即可，$12.3939\cdots = 12 + \dfrac{39}{99} = \dfrac{1227}{99} = \dfrac{409}{33}$，这一方法适用于所有纯循环小数化分数问题。

混循环小数化分数的方法也可利用方程得到，如 $0.13939\cdots$，设 $x = 0.13939\cdots$，则 $10x = 1.3939\cdots$，$1000x = 139.39\cdots$，$1000x - 10x = 139 - 1$，$990x = 139 - 1$，$x = \dfrac{23}{165}$，对于 $12.13939\cdots$ 只要加上整数部分即可，$12.13939\cdots = 12 + \dfrac{139 - 1}{990} = \dfrac{12018}{990} = \dfrac{2003}{165}$，这一方法适用于所有混循环小数化分数问题。将混循环小数的小数部分改写成分数，分子是不循环部分与第一个循环节连成的数字组成的数减去不循环部分数字组成的数之差，分母的头几位数字是9，末几位数字是0，9的个数跟循环节的数位相同，0的个数跟不循环部分的数位相同，如分子、分母有公因数则需要约分。

由以上思考可得：所有分数都可化成有限小数或无限循环小数；所有有限小数和无限循环小数都可化为分数形式，即有理数有两种表现形式，一种是分数形式，一种是小数形式（有限小数或无限循环小数）。这一结论在王昆扬编的《简明数学分析》中从极限的观点进行了更为严格的讨论。

问题二：为什么 $\sqrt{2}$ 是不可比数？

无理数被发现之前，毕达哥拉斯学派认为万物皆数，其中的数指两个正整数的比。当人们发现边长为1的正方形的对角线无法用两个整数的比来表示时，一种新数开始了其登上历史舞台的艰难征程。

【深度思考】

无理数一词源自清代数学家华蘅芳的误译，其英文名称 "irrational number" 中的 "irrational"，原意是 "无比的" 或 "不能表达成比率的"。所谓无理数，准确地讲可译为 "无比数更符合这类数的特性"。那么边长为1的正方形的对角线是不是不可比的数呢？

思考3：来自欧几里得算法的启示。

欧几里得算法又称辗转相除法，用于计算两个非负整数的最大公约数。设两数为 a，b（$a > b$），求 a 和 b 最大公约数 (a, b) 的步骤如下：用 a 除以 b，得 $a \div b = q_1 \cdots r_1$（$0 \leqslant r_1 < b$）。若 $r_1 = 0$，则 $(a, b) = b$；若 $r_1 \neq 0$，则再用 b

除以 r_1，得 $b \div r_1 = q_2 \cdots r_2$（$0 \leqslant r_2 < r_1$）。若 $r_2 = 0$，则 $(a，b) = r_1$，若 $r_2 \neq 0$，则继续用 r_1 除以 r_2，如此下去，直到能整除为止。其最后一个非 0 余数即为 $(a，b)$。式子 $a \div b = q_1 \cdots r_1$ 也可写成 $a = b \cdot q_1 + r_1$。例如 $1297 \div 86$。

$$1297 = 89 \times 14 + 51$$
$$89 = 51 \times 1 + 38$$
$$51 = 38 \times 1 + 13$$
$$38 = 13 \times 2 + 12$$
$$13 = 12 \times 1 + 1$$
$$12 = 1 \times 12 + 0$$

由此得到的启示是：如果一个数可以表示为两个整数之比，则利用欧几里得算法，一定能够经过有限步运算，使得余数为 0。

思考 4：数形结合理解 $\sqrt{2}$ 的不可比性质。

下图是边长为 1 的正方形，在对角线 BD 上截取 $BE = BC$，则有 $BD = CD \cdot 1 + DE$，且 $FC = FE = DE$；在边 CD 上截取 $FG = FE$，则 $CD = DE \cdot 2 + DE$，且 $DG = HG = HE$；在边 DE 上截取 $HI = HG$，则 $DE = DG \cdot 2 + DI \cdots$，这样的操作可以无限进行下去，所以 $\dfrac{BD}{BC}$ 不能表示两个整数的比，因为 $BC = 1$，所以线段 BD 的长度不能表示为一个可比数。BD 的长度即是我们今天熟知的 $\sqrt{2}$。

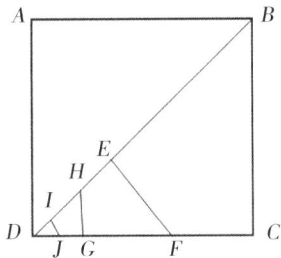

问题三：不可比数与无限不循环小数之间有着怎样的关系？

"不可比"只描述了这种新数（无理数）不具备的性质，那么这种新数具备怎样的性质呢？

思考 5：在实数定义的基础上理解无理数的定义。

教科书先给出无理数的定义，再用"无理数和有理数统称实数"给出实数的定义。

朱尧辰著的《无理数引论》中是在实数定义的基础上给出无理数的定义：如果一个数 r 能表示为 $b + c$ 的形式，即 $r = b + c$，其中 b 是整数，而 c 是下列三种情形之一：①$c = 0$；②c 是有限小数；③c 是无限小数，那么我们称 r 是一个实数。如果出现情形①或②，抑或出现情形③，但 c 是循环小数，那么 r 是一个有理数；如果 c 是无限不循环小数，那么 r 是一个无理数。也就是说，不是有理数的实数称为无理数。特别是，无理数的十进制表达式是非周期的。

华东师范大学数学科学学院编的《数学分析》也是在实数定义下给出的无理数：利用有理数作材料，构造出一个新的有序域，它不仅具有阿基米德性质，而且能使确界原理成立，并把有理数作为它的一部分，特别当有理数作为新数进行运算时，仍保持其原来的运算规律，我们称这种新数为实数。实数包括有理数和无理数。

在实数基础上定义无理数可得无理数十进计数制表示的两种性质：①无限；②不循环。事实上，无理数的刻画方式并非只有这一种，连分数展开的无限性和不等式 $0 < |\theta x - y| < \xi$ 的有解性也可以用于判断一个数是无理数。

思考 6：利用反证法证明不可比数与无限不循环小数之间的关系。

假设不可比数不是无限不循环小数，那么它就是有限小数或有限循环小数，这与有限小数或有限循环小数是可比数矛盾，所以不可比数不是有限小数或有限循环小数，是无限不循环小数。

问题四：教学中如何突破无理数概念的重难点？

考虑到学生的年龄特点、知识储备和心理机制，《义务教育数学课程标准(2011 年版)》对无理数概念的要求是"了解"，同时提出"知道实数与数轴上的点一一对应"和"能用有理数估计一个无理数的大致范围"。教材没有对无理数概念作诠释，也没有将其单设为一节课的内容，而是在实数一节中给出无理数的定义及常见的形式。这样的安排看似并不重视无理数这一概念，实则不然。

思考 7：在算术平方根概念教学中通过拼图活动渗透无理数的存在性。

教材关于负数的内容安排在无理数之前，而在历史上，对无理数的研究要早于负数，这与无理数是实实在在的数的特性有关，所以感知无理数的存在性有助于学生在心理上接纳无理数。

在第六章第一节介绍算术平方根概念之前，教材设置了一个问题情境，把这个情境抽象成已知正方形的面积求其边长的数学问题。教材先给出可以表示成有理数平方的数 1，9，16，36，$\frac{4}{25}$ 作为正方形的面积，在学生充分理解了正方形的边长和面积之间的关系后，给出面积为 2 的正方形的边长为 $\sqrt{2}$，这是教材引进的第一个带开平方符号的无理数，这时还没给出无理数的概念，但是在此处教学中设计让学生动手拼出一个面积为 2 的正方形的环节，是感知 $\sqrt{2}$ 真实存在的最佳时机。

思考 8：利用夹逼法对 $\sqrt{2}$ 进行有理逼近。

从对 $\sqrt{2}$ 的认识到对无理数概念的认识，教材的安排体现了从特殊到一般的思想方法。在第六章第一节第 3 个探究活动中，教材采用夹逼法，利用 $\sqrt{2}$ 的一系列不足近似值和过剩近似值估计它的大小，进而得出 $\sqrt{2}$ 是无限不循环小数的结论，为后面学习无理数概念做准备。

这种估计 $\sqrt{2}$ 大小的方法，学生理解起来有一定困难，教学中要给学生充分的时间计算、比较和判断，充分感受 $\sqrt{2}$ 与有理数和无限不循环小数之间的关联。从第 1 次出现 $\sqrt{2}$ 到正式给出无理数的定义，教材不失时机地设计例题、练习、探究活动让学生在潜移默化中感悟无理数和有理数之间的联系和区别，知道利用有理数可以估计无理数的大小。

思考 9：无理数与数轴上的点。

在第一章第二节第二课时数轴的学习中，学生知道用数可以表示直线上的点，用数轴上的点可以表示数，当时研究的数仅限于有理数。在介绍实数与数轴上的点一一对应之前，教师可以设计问题：数轴上所有的点是不是都可以用有理数表示？让学生从被动接受到主动思考，进而发现在数轴上表示 $\sqrt{2}$，$-\sqrt{2}$，$2\sqrt{2}$，$-\frac{3}{2}\sqrt{2}$，π，$-\pi$ 的方法，得出数轴上的点表示的不全都是有理数，还有无理数，帮助学生对无理数和数轴上的点产生更为直观的认识。

无理数是从现实世界中抽象出来的一种数，在古希腊时期人们就发现不可公度的线段，指出"无理数"的存在，但有关实数的理论却直到十九世纪末才完整地建立起来。了解无理数概念形成的艰难、深挖无理数概念中蕴含的思想方法，有助于教师精准把握与概念相关的核心问题，正确研判学生认识无理数的难点和难度。深入浅出，在有理数的基础之上，通过类比、延伸，引领学生逐步走进无理数的世界，为将来进一步学习微积分等知识打下坚实的基础。

第十节　课外功夫如何下

在一线教师的教研活动中，普遍关注的重点是对课堂教学内容、教学方法、教学形式的研究，以期实现高效课堂的目标。而我以为，课堂教学固然重要，但它只是教与学的一部分，并不是全部。课堂外的教与学对提高课堂效率和对学生的发展都具有十分重要的作用，值得我们认真去研究和体会。这里课堂外的教与学指的是在教师的组织、参与或指导下，利用课堂以外的时间进行的与课堂教学有关的教与学的活动。

一、课前学生的备课是提高课堂效率的前提

数学教育应通过生动有趣的数学活动，激发学生的学习积极性，帮助学生在自主探索和合作交流的过程中真正理解和掌握基本的数学知识与技能、思想和方法。作为课堂学习主体的学生如果头脑空空开始一节课的学习，很容易会被教师牵着鼻子走。倘若学生在课前也能进行认真备课，对于容易理解的知识做到心中有数，在自己有困惑的地方做好标记，带着问题走进数学课堂，那么课堂中的合作与交流就会更加热烈、丰富、有实际意义。

学生的备课实际上就是学生在课前的预习。我们都知道预习的重要性，但是往往在现实教学中，教师没有给学生提供预习的时间和方法。数学学科每天都会有一定的作业量，如果作业布置得过多，学生通常会放弃预习，选择赶作业。因此，教师要合理安排作业量，给学生留够预习的时间。开始的时候，学生可能不懂得怎样预习，以为只是把内容看一遍就完了。教师可以根据自己备课的需要，给学生一定的指导，帮助学生设计预习时需要思考的问题。当学生找到预习的方法、养成预习的习惯以后，便可以放手让学生自己去安排了。

二、课后学生的落实是对课堂教学的补充

会解题的学生未必会学习，但会学习的学生应该会解题。因为解题本身就是一种能力的体现。当然这里说的解题能力并非指通过生搬硬套、死记硬背、反复机械训练而提高的对某一类型的题目的解答能力。我们说的解题能力是由

审题能力、逻辑思维能力、运算能力、应变能力等组成的综合能力。

没能提高解题能力的教学是没有真正落到实处的教学。因此，我们不仅要关注教学的过程，也要关注学生的落实情况，力争让每一个学生都能够最大程度地通过对知识的运用来发展自己的能力。

1. 利用作业，跟踪落实。

做作业是学生在课后进行的一种学习，如果教师高度重视、科学安排，就可以充分利用作业的功效，让它成为课堂教学的延续。作业是检查学生课堂学习是否落到实处的方法。教师可以通过作业的问题反思课堂教学的得与失，学生可以通过作业进一步了解自己课堂学习的效率，从而不断改进方法，提高能力。教师在布置作业时要做一个有心人，不仅要注意选题，还要注意题目给出的顺序，使得学生通过作业，在头脑中对课堂上所学的知识形成一个更清晰的认识。教师对作业的批改不应是简单的钩与叉，对做错的题要圈出出错的步骤，要求学生及时订正。对于错误情况严重的学生要了解原因，给予帮助，最好进行面批，力争不让问题停留、积累。

2. 发挥单元测验的作用，培养能力。

考试不应是教学的目的，是教学的一种手段，也可以用来检查学生的学习是否落到实处。我们可以把考试看作另外一种形式的作业，它们的相同之处是运用所学的知识解决问题，通过解题提高自己对知识的理解和应用，进一步拓展思维、提高能力。不同之处在于考试是学生在处于更加紧张的状态下，在规定时间内，完全独立地完成的。它不仅能够检测出学生对知识的理解、运用情况，还能够反映出学生的心理素质，让学生进一步了解自己身上非智力因素所起的作用，学会科学有效地安排答题时间，提高答题的灵活性与严谨性。

对于平时的单元测验，除了课堂上的点评，我还增加了一项工作：我将班里的学生以六人为一组，分成十组。每一次测验，都与十位组长面对面分析他们试卷中的问题，指出非知识性的失分。对于做错的题，让他们讲出错误的原因和正确的思路。在他们彻底搞懂之后，再作为小老师，用同样的方法帮助自己组的组员。这种方法不仅能够让学生学会分析试卷，提高应试能力，还可以提高小老师学习数学的积极性、主动性。

3. 通过个别辅导帮助学困生落实双基，引领他们走近数学，提升能力。

一个班有几十位学生，这些学生学习数学的能力差距是客观存在的。由于各种原因造成的数学基础薄弱、学习习惯不好、学习方法不对的学生，根本不能够理解课堂教学的内容。对他们来说，最有效的方法就是个别辅导，当然这种个别辅导不仅有学习上的指导，更要有思想上的引导。

在我所任教的班里有一位贺同学，开学初，通过一个星期的观察，我发现他在课堂上，注意力集中的时间不会超过十分钟，对任何数学活动都没有参与的兴趣，对于重要的知识点不仅不能够理解，而且，一节课下来，基本上没有在头脑中留下印象，学习十分被动。对他，我采取了以下做法：除了在课堂上经常走到他身边提醒和点拨外，我坚持每天课后都询问一下他的学习状况。当他状态好，时间充裕时，就和他一起分析他的作业或试卷，当他状态不好时也不勉强他学习，只是给他打打气、鼓鼓劲。期末考试中，他考了六十七分，看到他眼神中闪烁的惊喜的光芒，我知道，他开始对自己有信心了，对数学有兴趣了，这不正是新课程理念所倡导的吗？

我们不能够强迫兔子去飞翔，也不应该要求原本三十分的学生在短时间内获得九十分。但是我相信对于智力正常的学生，百分之九十以上的人通过自己的努力达到合格是完全可以做到的，百分之百的学生都应该通过学习数学，使自己解决问题的能力在原有的基础上得到提高。

三、亲其师、信其道，教师在课堂外对学生的影响有着潜移默化的作用

师德高尚的教师是最受学生欢迎的。关爱学生，不仅表现在课堂上回答完问题后的一声表扬，作业本上一句鼓励的话语，不期而遇时的一个微笑，当学生产生抵触情绪时，一张宽容、善意的字条，都是打开学生心灵之门的钥匙。这虽不是知识技能的教与学，却对思想日渐成熟的学生形成正确的人生观、价值观起到举足轻重的作用。

教育不同于朝九晚五的上下班工作，在参与教学改革的过程中，只要端正思想、把握细节、研究教育契机，就不难发现教育无所不在。它可以渗透在师生相处的每一分、每一秒中，也可以辐射到校园的每一个角落。但所有形式的教育都应该有一个共同的目标，那就是学生的可持续发展。

第四章 "育真小屋"的"枝言知语"

我对孩子们讲的话，也是我对自己讲的话。我对自己讲的话，常常很想分享给孩子们。于是便有了"枝言知语"。"枝"是我的名字，"知"是我的感悟。"枝言知语"是我和自己的对话，是我的思考，是我的成长，是我的心情，也是我对生活、对工作一直葆有满腔热情的动力。

第一节 母亲

亲子关系在孩子成长过程中是至关重要的一个元素。我的青春叛逆期似乎特别长。从中学时代开始，一直到我自己成为母亲，我才真正理解了我的母亲。

当我明白了死亡意味着永远离开，我最怕失去的人是母亲。冬天的晚上，和母亲挤在一个被窝里，我鼓足勇气问："妈妈，你会不会死？"母亲笑答："会呀！每个人都会死。"我紧紧搂住母亲，心里充满恐惧。母亲轻拍我的背，依然带笑地说："到那个时候，你已经长大了，就不需要妈妈了。"我感到极痛，哭着喊："我不要长大，不要你死，我要一直和妈妈在一起。"

升上中学，学校要求上晚自习，每晚九点半放学，我步行回家大概需要15分钟。母亲不放心我一个人走夜路，要去学校接我，我坚决不同意，母亲便每晚在家掐着表等我。只要我没在母亲能够接受的时间范围内回到家，她就会沉着脸，从几点下课，到和哪些同学一起出校门，再到路上遇到了哪些事，一一盘问，然后将信将疑地喃喃几句："女孩子走夜路不安全，越晚人越少，越不安全。"好像是和我说，又好像是自言自语。我心里明白母亲的担忧，也明白母亲的担忧不无道理。因为我并没有每天都听母亲的话放学后立刻回家，所以也确实没有全部讲实话。有时为了舒缓白天紧张的心情会在学校的操场静坐发呆，有时为了享受夜风的清凉会故意绕道走偏僻的小路，有时甚至会在晚自习后偷偷去参加同学的生日会。那段时间，我完全忘记了自己儿时说的那句话，内心强烈地渴望获得独立和自由。母亲的陪伴让我感到压抑；母亲的叮嘱让我感到厌烦；母亲的牵挂让我感到牵绊。母亲变得没那么温和，我变得没那么温顺，我们开始有争吵，争吵之后，母亲坐在沙发上叹气，我躲在房间写日记。字字委屈，倾诉心中的痛；句句赌气，直戳母亲的心。日记里我给自己起了一个新的名字：周放飞。周是我母亲的姓。

当我终于长大，终于远离家乡，远离束缚，远离母亲，飞来广东求学。我得到了我想要的独立和自由，也品尝到了真正的孤单和迷茫。校园里，人们叽里呱啦讲的话我一句也听不懂。宿舍里，小伙伴们谈论翡翠台的电视节目和某歌手的成名作我一无所知。我从家乡带来的最好看的衣服在这里变得"老土"。我开始想念母亲，想念母亲的"庇护"。

后来，我选择了一座自己喜欢的城市，找到了一份自己热爱的工作，组建了一个自己满意的家庭。在我即将成为别人的母亲的那年冬天，我的母亲放下一切，从老家赶过来照顾我。医生建议我多走路，母亲就走路陪我上下班。每天下午，我跟着学生的人流走出校门，都能看到母亲和站在门口等候学生的家长一样，满眼期待地向着校园里面翘首张望。因为腿不能长时间走动或站立，母亲通常坐在学校门口的一个石墩上等我。母亲自幼身体不好，怕冷怕风。夏天从不穿裙子，也不用风扇或空调，到了冬天，更是一层一层把自己裹得严严实实。广东的冬天不算冷，母亲依然穿着从家乡带来的棉衣棉裤，在人堆里特别显眼，所以我总能一眼就看到她。而她，也总能很快地发现我，快步迎过来，不等我说话，先用温暖的手测测我的手温，然后仍然十分不放心地问："冷不冷？我给你带了一件外套，要不要穿上？"因为我是学校的教师，母亲原本是可以进校园，坐在办公室的椅子上等我的。可是母亲说那样会打扰同事办公，坚持在校门口等我。就这样，母亲陪我走了一个冬天，也在校门口那个冰凉的石墩上坐了一个冬天。

2006年底，母亲得了一场重病，我无比愧疚，总觉得母亲的病是因我而起，含泪在医院日夜守护。昏迷了几天后，母亲终于在一天夜里醒来，看到我躺在病床边的椅子上，便拉扯着自己的被子，用有些含糊的声音说："快盖上。别冻着！"那一刻，我的母亲又回来了，而我的青春叛逆也终于结束。凝望着母亲已经稀疏的白发，很认真地告诉母亲，我曾经给自己起过一个名字：周放飞，随她姓。母亲笑，我也笑。

女儿的翅膀（献给母亲）

女儿说

妈妈，我想飞

母亲

昼夜辛劳

编织一对美丽的翅膀

为女儿穿上

目送女儿远飞

一头稀疏白发

留给自己

第二节 写给尚未谋面的孩子

在我担任班主任和年级主任期间，接手一个新的班级或年级，我都会给学生写一封信。希望能够传递一份来自新环境的关心，也希望能够帮助更多的孩子更快地适应初中的学习和生活。

亲爱的新同学：

你好！

祝贺你顺利完成小学六年的学习生活！欢迎你成为纪中的一员！希望我们能够成为彼此生命中最美好的遇见！

你将要就读的是一所有着深厚文化底蕴的学校。中山纪念中学由孙中山先生的长子孙科秉承其父"谋建设培人才为富强根本"的遗愿而创办，现校名由国家名誉主席宋庆龄于1978年亲笔题写。自1934年建校以来，纪中以"中山精神"为引领，促进教师专业发展，提升学生核心素养，形成"中山精神＋文化素养＋国际视野"的育人格局，培养了一批批具有民族情怀、国际视野以及全球竞争力的高素质人才。先后荣获"全国文明单位""首批全国文明校园""首批全国教育系统先进集体""全国精神文明建设先进单位""全国中小学德育工作先进集体""首批广东省文明校园""广东省书香校园""广东省普通高中教学水平优秀学校"等几十项全国及省、市级荣誉称号。

作为纪中教师，我们已经准备好用最大的热忱迎接你们；作为新纪中人，你准备好做一名阳光的、健康的、快乐的、自信的初中生了吗？为了帮助你更快更好地适应初中生活，建议你可以尝试做一些准备：

养成良好的作息习惯

纪中午休时间是12：40—13：40，晚休时间是22：00—6：30。这是有利于中学生生长发育的作息安排。如果你在假期没有养成良好的作息习惯，开学后你的生物钟可能一下子调整不过来，可能会遇到睡不着或睡不醒的烦恼，还可能会影响到白天上课的精神。所以，建议你养成早睡早起的习惯，你可以感受一下充足的睡眠会给你带来更多的愉悦体验。

培养独立的意志品质

升上中学，你可能对小学的老师和同学特别留恋。这说明你是一个懂得感恩的孩子，老师相信三年后，你对初中的老师和同学也会有相同的感情。所以希望你能够以一种积极的心态面对小学的离别，以一种悦纳的心态面对中学的相遇。另外，纪中是全寄宿制学校，爸爸妈妈不会再像小学的时候天天陪伴在你身边，你可以利用暑假参加一些正规单位举办的封闭式夏令营，提前体验一下独自"闯天下"的感觉。也可以在家里通过承担家务劳动，参与家庭事务的讨论和决策，养成坚强、独立、自立的品行。

学会整理自己的内务

如果你还不会洗衣服、叠被子、扫地、拖地，那么这个暑假一定要学会呦。因为来到纪中后你将和七个小伙伴一起生活。你不仅要整理好自己的内务，还要承担宿舍的卫生值日工作。不好的卫生习惯不仅会影响自己，还会影响到其他人。老师希望你和你的小伙伴都能够拥有一份快乐的心情，这需要大家一起去努力。

学习做计划

初一你需要学习语文、数学、英语、政治、历史、地理、生物、音乐、美术、体育、信息技术等十几门课程。与小学相比，学习科目多，知识量大，内容深，可能会让你有点不适应。怎样才能更好地适应初中的学习呢？你可以尝试做一个计划，把每天要做的事情列出来，排个顺序，看看怎样分配时间和精力会让自己感觉更从容一些。

祝你：快乐生活，健康成长！思有所悟，学有所得！

知知老师

第三节　以爱的名义

以爱的名义，我愿意放下教师的架子，走进孩子的世界。

我们的学生很贪玩，可是他们玩得越开心，我们就越着急。今天禁止玩纸飞机，明天玩水气球；刚没收了扑克牌，又拿出漫画书。老师那个气呀，恨不能把他们的手脚绑起来。然而贪玩是孩子的天性，与其镇压不如引导。放下教师的架子，和孩子一起玩。使他们不仅爱玩，而且会玩。著名教育家陶行知先生说："我们必须会变成小孩子，才配做小孩子的先生。"我很庆幸，因为我本身也是一个很贪玩、尚有孩子气的成年人。开始我和他们一起画漫画，加入啦啦队看他们打篮球，有时候，周末还和他们一起野餐。后来，我们一起排练小品，一起去购书中心看书。有一次，一个学生说永宁图书馆很好，我们就利用一个星期六下午，一起踩单车去了。那是我第一次去永宁图书馆。再后来，一个学生悄悄地跟我说："老师，没人的时候我喊你姐姐好吗？"我很开心，真的很开心！我喜欢和学生在一起，我会用心去体会他们的感觉，感受他们的喜怒哀乐，特别是当他们犯错误的时候。

但是我们毕竟不是孩子，我们既要融入他们，又要引领他们，做他们的良师益友。

以爱的名义，我愿意最大限度地宽容学生，最大程度地帮助他们。

刚毕业那年，我最不能忍受的就是学生不尊重老师。当所谓的问题学生屡教不改而又对老师不屑一顾时，我便很生气。曾气得在办公室发火嚷嚷："孺子不可教也！"然而静下心来想，我为什么会生气呢？他们其实也是受害者。比如狼孩的故事，狼孩的悲剧是他自己造成的吗？当然不是！当一个孩子因为无知而犯错的时候，他需要的不是责骂，而是更多的关心和引导。当他因为没有得到及时、正确的引导而变得更加无知时，他们是教育缺失的受害者。

我愿意放下我们作为平常人所有的感受，最大限度地宽容他们，帮助他们。我的班上有一个学生，因打架勒索被学校记过处分。他要不就逃学，一来上课就必惹麻烦：顶撞老师，欺负同学，破坏公物，等等。当感性的自我想要放弃他的时候，理性的自我便会提醒自己：不行！至少，你有责任在他的这一段生命历程中，尽你的全力去帮助他。一次次的谈心，一次次的家访，一次次的失败，一次次的努力，我不气馁，更没有放弃，因为，我相信，爱能创造奇迹。也许当学生看起来最不值得爱的时候，恰恰是他们最需要爱的时候。有时候需要忘记他们是学生，忘记他们给班级带来的不良影响。只把他们看成孩子，善待他们！

以爱的名义，我愿意随身带一架"显微镜"，去捕捉每一个学生的闪光点，挖掘每一个学生的潜力。

说实话，我不要求每个学生都做得一样好，我也不要求每个学生各个学科都能平衡发展。素质教育观念的提出，带给我们许多新的启示，使我们更立体地理解教育的内容。我认为，能让学生遵纪守法的教师只是合格的教师，能让学生实现自身价值的教师才是出色的教师。兔子学不会飞翔，并不表示它一无是处。我给班里最后两名学生的建议是：第一，在所有科目中选择一两科你最喜欢的重点学习，可以是音乐、体育、美术、电脑。第二，学习有困难的科目只需要达到老师的最低要求。第三，每天至少做一件令自己满意的事。我发现每一个学生都有令他们自己满意的地方。有的认为自己篮球打得好，有的认为自己漫画画得好。如果你的夸奖合他的心思，他就会打心底高兴，觉得你真的了解他，欣赏他。

脑科学表明：人的智能具有多元化。而传统的考试主要是对学生的认知水平的单项测量，不能仅凭此对学生作出优劣判定。面对有差异的学生，实施有差异的教育，才能实现有差异的发展。教鱼儿去游泳、马儿去奔跑、鸟儿去飞翔，这就是因材施教。这是我对素质教育的理解，也是我今后的努力方向。

以爱的名义，把自己的爱心一点一滴地输送给孩子，我感到快乐；

以爱的名义，在三尺讲坛上辛勤耕耘，我无怨无悔；

以爱的名义，播种春天，收获秋天；

以爱的名义，播种真理，收获人生；

以爱的名义，播种智慧，收获心灵；

以爱的名义，我要去爱每一个孩子。

第四节　莫让浮云遮望眼

俊伟是一个十分爱看书的孩子，然而这却给我带来了无尽的烦恼。

因为让他沉迷的都是一些阴森恐怖的灰色小说，这也令他的性格越来越孤僻，行为越来越古怪，同学多次反映他在宿舍模仿书里的情节吓唬人。为此，我和他平等对话，晓之以理，动之以情，结果没用。请家长来，约法三章，没用。见一本收一本，没用。而且愈演愈烈。

直到 2013 年 10 月的一个下午，发生了一件让我记忆深刻的事：

那天下午我上第一节课，像往常一样我在课室里扫视一遍，俊伟的位置又是空的。"又迟到！"我压抑着心中的怒火，一边讲课，一边琢磨着怎样教训他。半节课过去了，一节课过去了，始终没有见到俊伟的人影。我从气愤转为担心，下课后急忙询问他们宿舍的同学，大家都说不知道。后来班里一个叫家明的同学向我透露他好像去了学校的后山。

校园后山亭子里，俊伟手捧一本黑皮小说，神情专注，专注得连我走到他身边都没有察觉到。我将心中所有的愤怒化为力量，将他手上的书猛拽出来。他惊跳起来，用愤怒的眼睛瞪着我，紧握双拳，吼着要我还书。望着他失去理智的眼神，我心中一颤，我突然意识到不能再跟他硬碰硬了，于是我冷静下来，语重心长地对他说："你这孩子怎么这么不懂事，把老师急坏了，我到处找你，生怕你出事，就差打电话报警了。"这时他的眼神闪过一丝愧疚，我接着说："我很好奇，这是一本什么样的书，让你这样痴迷。借给老师看看好吗？"他一脸不乐意，"我保证，明天这个时候，一定还给你。而且今天这件事我暂不处理。"他勉强同意了。那是一本漫画版的《斗罗大陆》，当晚，我连夜看完这本书，用铅笔小心翼翼地在一些比较好的环境描写句和心理描写句下面画线，并在旁边写上一两句个人看法。第二天，我准时将书还给他，同时还送他一本老夫子的漫画书。

第二天上课我对班上的同学说："我们班有一批像俊伟一样的同学很爱看书，读书简直到了"痴迷"的地步，老师非常高兴，因为爱看书的孩子最懂事也最有思想（我偷偷看了看俊伟，此时他脸上挂着自豪与得意的表情）。"接着我又说道："我觉得我们可以成立一个读书会，将自己读到的好书推荐给同学，老师也愿意加入其中，并为大家购买一批你们最喜欢的书籍。"于是我顺理成章地让学习委员在班里做了一个关于"我最喜欢的书"的问卷调查。分析同学们的调查结果，我发现不少同学对书的选择面比较窄，甚至内容也停留在卡通漫画、灵异小说、言情故事、武打小说等方面。

于是我趁热打铁，组织了一节主题为"好读书，读好书"的班会，并结合中考语文"名著的阅读"倡导大家多读经典，提升读书的品位。之后，我给每位同学一片大大的树叶做游戏，让他们遮住眼睛，猜一句成语，他们齐声回答："一叶障目，不见泰山。"我不失时机地问："是啊，我们如果仅仅只看自己喜欢的书，是否会失去一片书的海洋呢？就像小孩子如果只吃自己喜欢的食物，结果会怎样呢？"同学们听了，恍然大悟。接下来，我在班级开展"读一本好书，讲一个精彩故事"的活动。我创建班级读书角，发动大家把自己的好书摆上班级书柜，资源共享。我也跟孩子们一起写读书笔记，定期开展读书交流会。在班里掀起一股读书热潮。

在我忙得不亦乐乎的同时，并没有忘记关注俊伟的变化，我一本本地阅读从他那里借来的书，在每一本书的首页贴上我的读后感，然后将它们摆放在班级书柜上。同时我也将自己看到的好书推荐给俊伟，并通过周记与他保持思想上的沟通。直到有一天，俊伟主动走过来跟我说："老师，把我的那些书收起来吧。我觉得它们不适合我们现在阅读。"我和他会心一笑："行，听你的，你处理吧。"

在之后的日子里，我依然时常可以看到俊伟手捧小说、神情专注的样子，不同的是，封面不再是一味的黑色了。

其实挡在我和俊伟之间的不是那些被我视为洪水猛兽的灵异小说，而是一个心与心沟通的办法。浮云遮蔽的不仅仅是孩子纯净的双眸，它也会令我们变得浮躁和冲动。魏书生老师说得好："走进孩子的心灵世界吧，许多百思不得其解的教育难题，都会在那里找到答案。"让我们双眸深远，让孩子纯真美丽。

第五节　原谅

在我处理一些学生之间的矛盾时发现，知书达理固然重要，拥有一份"原谅"他人的善意更显珍贵。当我意识到"原谅"是一种集体中非常重要的品质时，我开始在教育中引导学生学会原谅。而我要做的就是以身作则。

我不会

有时间的时候，我喜欢用"面批"的方式批改作业。面批的过程我会根据学生作业中的错误提出问题，帮助学生分析错因，查漏补缺。我会要求学生一对一面对面讲题给我听。小阳是个安静的孩子，但我提醒他多次，请他拿作业本来找我。他好像没有听到，有时候看着我，回一声"嗯"，却始终也没起身。因为常常有一些主动的孩子拿着作业本在身边等我，我虽然心里惦记着小阳这件事，却也没有找到合适的时间处理。有一天晚修，刚好没有学生问问题，我走到他身边轻轻将他叫出课室，

"你知道老师找了你很多次吗？"
"嗯。"

"你知道老师为什么找你吗?"

"嗯。"

"为什么呢?"

"讲题。"

"是的,老师是希望面对面批改你的作业,把你不懂的问题讲清楚,你为什么不来呢?"

…………

"害怕吗?"

"摇头。"

"不希望老师帮助你解决问题吗?"

摇头。

我心里有些着急,但是告诉自己一定要忍住,我不再猜测,选择等待。

终于,他支支吾吾很长时间,才小声挤出三个字:"不会讲。"

我认为这是一个十分蹩脚的借口,但还是选择了相信他。我让他拿出作业,从中选了一道错题,问了几个比较基础的问题,他回答得很好。

"你看,你讲得很好呀。"

"嗯。"

"你确实因为怕不会讲,没有来找老师吗?"

"嗯。"

"老师请你来,你不来,也不和老师解释,你觉得这样好吗?"

"不好。"

"为什么不好呢?"

"不尊重老师。"

"你心里有不尊重老师的想法吗?"

"没有。"

"我也觉得没有,但是你的不回应确实会让人产生你没有礼貌的感觉,以后这种情况知道怎样做了吗?"

"知道了。"

"怎样做呢?"

"听到老师叫要出来。"

后来我发现,他常常帮助课代表收发作业。于是同他讲:"你帮了课代表和我那么多忙,不如你也来担任数学课代表好吗?"他腼腆地笑着答应了。

庆幸自己在他拖延或不自信的日子选择了原谅和相信！

又扣分了

宿舍扣分是评价班级管理的一项重要指标。宿舍扣分主要分两类，一类是卫生，一类是纪律。前者和习惯有关，后者主要是态度问题。七年级第一个学期，对于学生的扣分，我都选择了用原谅的心态去沟通，大部分孩子慢慢养成了良好的生活习惯，扣分的情况也越来越少。一两个主观上不太重视的孩子，变化不大，第二学期，仍表现出无法刹车的趋势。小睿就是其中一个。

"你觉得内务不合格的主要原因是什么呢？"

"嗯，不知道。"

"我认为是你不够重视。"

"哦。"

"你觉得呢？"

"也许吧。"

"怎样才能让你重视这件事呢？"

"嗯。"

"怎样才能让你下决心做好内务呢？"

"不知道。"

"老师给你一个建议好不好？"

"好。"

"如果你因为内务不合格被扣分，就请爸爸妈妈接你走读几天好吗？"

"啊。"

"你想走读吗？"

"不想。"

"走读可以让你重视这件事吗？"

"不知道。"

"那我们试试好吗？"

"好。"

"你打电话问问家长支不支持好吗？"

"好。"

…………

"家长支持吗？"

"嗯，他们说可以。"

"代我谢谢他们。"

"好。"

"我们做这个尝试的目的是什么？"

"让我重视这件事。"

"是的，老师不希望你真的走读，老师相信你可以做好自己的内务，加油！"

"好。"

…………

那个月，孩子实现了个人首次一个月零扣分。全班为他鼓掌。我也特别发信息感谢了孩子的家长。

原谅不是纵容，原谅是用温和而坚定的方式解决问题。

谁动了一体机

一天的早上，电教员神神秘秘地跑来办公室："老师，出大事了。"我心里一惊："什么事？""您过来。"我跟着电教员往班上走。观，他的样子似乎也并不紧张。听，没有异常的声音。看，没有异常的聚集。我告诉自己要沉住气！走进课室，全班孩子安静地看着我们。看得出已经等了很久。电教员指着一体机的屏幕："老师，有人动过一体机。"我松了口气。有些哭笑不得。转而又想，对于电教员来讲，这确实是大事。因为我再三强调，除了电教员其他同学不能擅自动一体机。"是哪位同学动的？"电教员看向小浩，全班同学也跟着一起看向小浩。小浩眼里含着一丝笑意看着我。

"你出来一下。"

"是你吗？"

"嗯（笑意消失）。"

"为什么呢？"

沉默（头转向另一个方向）。

"你不知道不能擅自动一体机吗？"

"不知道（继续转头）。"

"老师没有说过吗？"

沉默（继续转头）。

"你违反了纪律，老师可以原谅你，但这并不代表老师支持你违纪，老师更不希望你不诚实。"

沉默（头已经转得不能再转）。

"老师相信你动一体机是有原因的，你可以说也可以不说。你选择说吗？"

沉默。

"你违反了班级规定，你是男子汉，你敢于承担责任吗？"

沉默。

"如果你现在还做不到，老师还是会选择原谅你，老师相信你知道这是不对的，只是还需要时间说服自己。"（上课铃响）

"你先回去上课。"

孩子径直走向厕所，我看着他走进厕所，走出来，走向课室，走进课室，打开书……这是一个十分顽皮和倔强的孩子，在他身上，几乎每天都会发生一些"事件"，我一直选择原谅，包括有学生反映他偷偷骂我的那一次，我期待有一天他会主动认错。

一天过去了，又一天过去了。一体机事件的第四天，孩子主动找我承认了错误。

原谅是一种等待，在合理的范围内给孩子一些时间和空间，让他自我修复。

第六节　聊天

心理学家莫勒比恩有一条公式：感情表露 = 7％的言辞 + 38％的声音 + 55％的面部表情。我喜欢和孩子们聊天。天南海北，漫无目的。这样的聊天让我很放松，我希望孩子们也是快乐的。我和孩子们聊天时没有用莫勒比恩的公式。我有自己的公式：愉悦的聊天 = 平等 + 真诚。

聊天可以是面对面的。我和小涛面对面坐着闲聊，他总是侧着头听我讲话。我打电话给他的家长，家长说孩子的体质确实不是很好，我建议家长带孩子检查一下听力。和小轩面对面站着聊天，他总是站得很直，开始我认为这是尊重老师的表现，也觉得这样的体态很好，直到有一天，我不经意碰到他的胳膊，他的胳膊几乎是僵硬的，我才意识到他是紧张。他站在我面前全身是紧绷的。我请家长加入我们的聊天，请家长感受他在师长面前的紧绷，家长这才意识到孩子从小的"懂事"原来是一种心理上的"紧张"，达成共识之后，我们用了很多方法，用了很长时间让孩子放松。小雨和我说话的时候常常会结巴，我问家长孩子在家说话会不会结巴，家长说不会，我觉得有些奇怪。我在班上开展即兴演讲活动，我为每个孩子拍了视频，发给家长，包括小雨的。小雨家长这才发现原来我感受到的"结巴"他们是知道的，只不过他们没有认为这是"结巴"。这可能确实不是"结巴"，是一种讲话的习惯，紧张的时候就会不自觉地把一句话的前几个字重复说几遍。这个习惯若是根深蒂固了，想改就不容易了，于是我和小雨约定，从我们的聊天开始，通过放慢语速，让每句话的开始更畅顺一些。

聊天还可以是书面的形式。批改作业时写上几句话，如："恭喜你，进步了！希望继续努力！""如果计算再仔细点该多好！"有的孩子会回复我，有的不回复。例如，有个孩子在作业本里夹了一张纸条，写道："老师，我骗了您。您问我喜不喜欢……，我向您说我喜欢。可是现在我真想告诉您，我不喜欢……，也不喜欢现在的班级，因为一切都太严格了。有时候我真想做个坏女孩，我觉得做坏女孩比做好学生要容易多了。"我也用张小纸条回复她："谢谢你的真诚！虽然我仿佛看到了一个向困难妥协的小姑娘。但从你的眼神里，从你的言行举止中，我都能感受到你内心深处的不服气。你可以尝试把对自己的要求放低一些，尝试用自己喜欢的方式学习或生活。"

有时候，也会和家长聊，更多的时候是家长、孩子一起聊。一般用晚修的时间，或周末家长接送孩子的时间。聊天分一般性的聊天和解决问题的聊天。后者需要的时间会长一些。要聊透一个话题，常常需要一个小时，有时候会更多。每次深度沟通之后，我的内心都很充实，但整个人却十分疲惫，需要一个人安静地待很久才会慢慢觉得好一些。

我给母亲打电话，开玩笑地说我发现说话是件力气活。母亲心疼地回答：当然了，说话是很耗气的。

第七节　毕业了

印度诗人泰戈尔曾经说过："无论黄昏把树的影子拉得多长，它总是和根连在一起。"初中教师这一职业特点，决定了我们每三年就会和学生有一次别离。随着一届届学生长大，我们也将逐渐老去，我们可能会忘记一个个具体的名字，却不会忘记陪伴他们时的一份份美好。

毕业典礼上我说：今天，很荣幸能够代表全体初三教师在这里倾吐心声。

在正式发言之前，我想请同学们做一个游戏。这个游戏分2个环节，让我们首先进入第一个环节，请同学们做好准备，听指令：1、2、3，起立，坐下。

我们这个游戏的名称就叫做起立、坐下。请同学们回忆一下刚才的情形，在起立坐下的时候，你有没有发出比较大的声音，你站着的时候有没有像松树一样挺拔，坐下的时候有没有像座钟一样平稳。现在，请同学们先挺直腰背，感觉好像有一块木板贴着你的背，抬头，让下巴和脖子形成45度左右的角，眼睛看我，不要发出声音，微笑，好，保持这种状态，下面让我们进入第二个环节，内容仍然是起立、坐下。这一次要进行班与班的评比，评比的标准是快、静、齐。请同学们做好准备，听指令：1、2、3，起立，坐下。

第二次，孩子们做得非常好。

于是我接着说：我想聪明的同学已经猜到我设计这个游戏的用意了。如果我把游戏的第一个环节比作你们初一刚入学的时候，那时候的你们单纯里透着幼稚，聪明里透着淘气，乖巧里透着懒散。面对离开父母的集体生活，面对突然增多的作业，面对学校的各种规章制度，有些不适应和不知所措。我知道，那时候，有的同学哭过，有的同学埋怨过，还有的同学想过放弃。然而通过军训，你们学会了坚强。通过《纪念中学生活指导书》知识竞赛，你们知道了在校园里什么可以做，什么不可以做。通过每天的检查，你们养成了良好的卫生习惯。通过每月的文明班评比，你们增强了班级荣誉感。通过校运会和体育考试，你们学会了团结和拼搏。通过义卖和捐款，你们学会了理财，学会了关心社会，关爱他人。通过一次次或大或小的测验，你们学会了学习，学会了反思，学会了自我调整。

宝剑锋从磨砺出，梅花香自苦寒来。今天的你们，已然从一个不懂规矩的孩童成长为踌躇满志的少年，生物、地理、口语、体育，关于你们的捷报频频传来，正如你们在游戏第二个环节的表现一样，你们用自己的进步向社会、向家长、向老师、向自己证明，你们是最棒的！再过两天，你们将要接受初中阶段最后一次检验了，我始终认为中考的分数并不是最重要的，最重要的是在备考过程中磨炼出来的拼搏精神和吃苦耐劳的品质。中考只是你们人生里无数关卡中的一个，我们不应该以中考的成败论英雄。但是拥有积极进取和百折不挠的精神将令你终身受益。所以，如果你对自己的备考过程是满意的，那么就用一颗坦然的心去面对吧，不论结果如何，你已经有所收获了。如果你在备考中并没有全力以赴，那么亡羊补牢，为时不晚，赶紧行动起来吧，认真回忆老师们给你介绍的答题方法和注意事项，力争以良好的心态和规范的解答获取自己最好的发挥，并牢牢记住备考中的遗憾，在今后的学习和工作中，脚踏实地，力争上游。

同学们，今天，我们因你们即将毕业而聚集在一起，空气里弥漫着离别的气息，老师的心情有些复杂。三年来，因为你们的淘气，我们更加宽容，因为你们的聪慧，我们更加专业，因为你们的感恩，我们更加感动。感谢一班的同学，每节课前帮我把黑板擦得干干净净，感谢五班的同学，在我参加比赛时，送给我全班同学的祝福。感谢你们，教师节的贺卡，母亲节的鲜花，感谢你们，在老师喉咙沙哑的时候悄悄送来菊普茶和润喉糖。我相信这样的故事绝不仅仅在我身上上演，在这里，请允许我代表所有接受过你们关心与祝福的老师向你们表示最衷心的感谢！

同学们，再过几天，你们就毕业了，每当我想到毕业意味着一种结束，我的心中就会有难以名状的不舍，而当我想到毕业对你们来说，又是一种新的开始时，我的心中又会充满期待，如一位送孩子远行的母亲，千言万语凝结为一句叮咛：同学们，前进的道路，希望你们勿以善小而不为，勿以恶小而为之。

我们之前的游戏虽然是一个简单的动作指令，但就在一起一坐中，一样可以展现一个人的修养，一个集体的素质。这个游戏的设计思路来源于我们每一次的集会。我坐在角落里，看着有些同学交头接耳丝毫不理会台上讲话的人，而有些同学却从头到尾端坐如钟，我会因后者而感动，因后者而产生肃然起敬的心情。勿以善小而不为。随手捡起地上的一片垃圾，给别人一个善意的微笑，将每一件小事认认真真做好，积万千小善成大智慧大品德，如你心中最敬爱的一位老师，如我们的校训：祖国高于一切，才华贡献人类。

最后，将一副对联送给大家：凤凰花花开满园沁人心，纪中人人才辈出催人进，横批：金榜题名！

第八节 春种秋收

古诗有云：春种一粒粟，秋收万颗子。小时候曾纠结：春天种下一粒种子秋天一定可以收获万颗子吗？学了数学以后更加确定"春季种粟"不是"秋天收子"的充要条件。所以认为诗人李绅的数学应该是没有学好。而我，也因为常常爱钻牛角尖，又受限于文句的字面意义而始终没有把语文学好。

2018年7月11日是中考放榜的日子，也是"秋收万颗子"的日子。我和同事、学生及家长们一起翘首以待。我们是幸运的！在春天播种，在秋季收获，年级的各项数据都很漂亮。在外人看来，这些数据可能微不足道，但是我们自己知道每一个百分点都凝聚着 2018 届全体师生和家长的努力和汗水。我们的学生家长，风雨无阻，每周三、四带着好吃的饭菜给孩子鼓劲加油。我们的学生，每天早、中、晚都自觉地坐进课室学习。我们的老师，以校为家，晚上十点后，教师办公室仍灯火通明。

"春季种粟"不是"秋天收子"的充要条件，但是，是必要条件。共同体理事长周老师曾经在读书分享会中介绍他读《精要主义》的心得体会。希望我们能够将日常事务分出轻重缓急，用最旺盛的精力、最黄金的时间段做最重要的事情。我常常问自己：当下最重要、最紧急的事情是什么？这一年，答案无一例外是学生的中考。虽然中考并不一定能够决定一个人的一生，但是对待中考的态度却可以让学生受益终身。

一个孩子问我："老师，我的成绩考上纪中是没有问题的。我不明白我为什么一定要为了争取屏蔽反反复复刷题，屏蔽真的那么重要吗？"我的回答是："屏蔽没那么重要，重要的是对待学习的态度。"还有一个孩子，初一、初二成绩很稳定，初三略有下降。她有点焦虑，我同她讲："2016 年奥运会期间，记者采访运动员时，我关注到运动员们说得最多的有两点：一是享受比赛的过程，二是把握好自己的节奏。我把这两句话送给你：享受学习，享受考试，通过考试发现自己的不足，查漏补缺，提升自己。把握好自己的节奏，该怎么复习就怎么复习，不要因为身边的同学超过了自己就乱了阵脚。"谈话结束后我又试探性地问了问她，可不可以负责年级毕业典礼的策划和筹备。她欣然同意。我不无担心地问："你不怕影响学习吗？"她说："不会的，我小学担任过大队委，策划活动我有经验。我不会一个人做，我会将任务分配给有兴趣的同学。"她策划的毕业典礼环节创新，气氛热烈，秩序井然。这两个孩子中考成绩都非常优秀。

2018 年，我担任初三年级主任，每天从早上 7 点到晚上 10 点，全身心备考。

多年后的今天，回望那段日子，充实、美好！

第九节　我心中的蜡梅

余秋雨笔下病院寒冬里的蜡梅如沙漠驼铃、荒山凉亭、久旱见雨、久雨放晴。给病着的人们带去一些惊喜、一些寄托、一些话题。

步入中年，我也病了一场，在病院里住了一段时间。

小时候我极羡慕那些体弱多病的孩子，与他们病中的柔弱相比，我结实得不像一个女孩子。住进病院，才体会到结实的难得与可贵。术前检查，多项数据不达标，才体会到病人的冬天，是一串串阿拉伯数字投射出来的冰冷，与地球公转无关。

我的病院没有蜡梅，但我却闻到了蜡梅香。那是我心中的蜡梅。

一位美丽的医生，在纸上娴熟地画着人体局部结构图，一遍遍耐心地分析我的病情，讲解她的预判，消除我心中的焦虑。

一位爱笑的护士，做每一项护理之前都温柔地提醒我，哪里可能会有点痛，哪里可能会有点酸，让我有充足的心理准备。

一位有趣的保洁员，每天来病房打扫卫生都会和我闲聊几句。我不是一个喜欢和陌生人说话的人，她的搭讪却让我感到十分温暖。

那是在中山市小榄人民医院，一个温暖得不像病院的地方。术后醒来，得知在我手术期间，婆婆不小心摔倒，肋骨处受了不轻的伤。在我住院期间，受了伤的婆婆一直陪伴在我身旁。

我心中的蜡梅，是路人友善的微笑，是亲人无声的牵挂。

我心中的蜡梅，是爱，是温暖，是力量。

我心中的蜡梅，不只在病院寒冬里绽放。

阳光灿烂的早晨，我和儿子排队买早餐，在我们前面的中年人说："孩子赶着上学，你们先买吧。"我们要了几个包子和一份豆浆，卖早餐的小哥将豆浆递到一半又放回去说："这一碗凉了，我重新装一碗给你们吧。"回到办公室，桌面上多了一瓶润肺止咳的柠檬酱，静静地，如亭亭玉立的姑娘，散发着高雅淡洁的蜡梅香。

愿，我也能成为我心中的蜡梅。不畏严寒，不吝梅香。

第十节 筑梦林

梦想，如一盏明灯，在我们迷茫的时候，为我们指引方向；梦想，如一杯清茶，在我们浮躁的时候，使我们宁静致远。不论是谁，不论在生命的哪一个阶段，都不能没有梦想。因为有梦，所以我们的生活充满生机！

还记得吗？2009年3月12日，五班全体同学共同种下属于五班的梦：筑梦林。我们的梦想便在那里得到见证。

师之梦

从教 11 年,你们是我第一批从初一跟到初三的孩子。感情至深,不言而喻。三年来,陪伴你们成长,让我感到生活更加充实;鼓励你们前进,让我感到生命更加有意义;期待你们成功,让我感到每一天都充满希望……

蓦然回首,一串串足迹,有深、有浅,有大、有小,有你、有我。留给你们的是青春年少的记忆,留给老师的是执着永恒的桃李之梦。

君之梦

纪中的木棉花问:"同学,你与朝阳同行,为什么?"匆忙的脚步回答:"为的是追逐自己心中的梦想。"校道两旁的路灯问:"同学,你与夜星同宿,为什么?"长长的背影回答:"为的是追逐自己心中的梦想。"

三年的初中生活转瞬即逝,带走的是年少与无知,留下的是成熟与经验。亲爱的同学,无论下一个梦的起点在何处,无论梦想的归宿在哪里,只要寻梦的脚步不停,美梦就有成真的机会。

五班之梦

五班之梦,希望能够成为你心灵的港湾,在经历风吹雨打的时候,给予你坚持的力量;五班之梦,希望能够成为你远行的航标,在成功的鲜花与掌声中,提醒你不忘来时的方向;五班之梦,希望能够成为你永远的牵挂,不论走多远,在丹桂飘香的日子,希望你常回母校看看,看看那片属于我们的筑梦林。

后　记

写作一本专著于我而言是一项极具挑战性的任务，需要投入大量的时间、精力和心血。在完成这本《育人自育　真人自真——初中数学"育真课堂"实施路径研究》的过程中，我深感一线教师要独立完成一本著作的艰难。在写作过程中，有很多次我都产生了想要放弃的念头。然而，正是那些在我身边支持我、鼓励我的人，让我坚定了继续前行的决心。

首先，我要感谢广东省中小学"百千万人才培养工程"初中理科名教师培养项目组的老师们。他们不仅关注我的学术成长，还在我陷入写作困境时给予了我巨大的鼓励。他们的关心和支持让我深感温暖，也让我有信心去攻克写作过程中的种种困难。

同时，我要感谢我的同学邱惠芬、陈卫军、邱慎明等人。他们在整个写作过程中，一直用近乎"强迫"的方式鼓励我，让我在想要放弃的时候坚定了信心。正是他们的好言相劝，让我能够在漫长的写作过程中保持前进的动力。

这本书的完成，也离不开我所在学校和学科组的支持。我的领导和同事们在我的写作过程中给予了我很多帮助，为我创造了一个良好的学术研究环境。在此，我要向他们表示衷心的感谢！

最后，我要感谢我的家人和朋友。他们在我写作本书的过程中给予了我无私的支持和理解，让我能够全身心地投入这项艰巨的任务。没有他们的关爱和支持，我不可能完成这本书的撰写。

在写作本书的过程中，我对初中数学教育有了更深入的理解和认识。我意识到，作为一名一线教师，我们的责任不仅仅是传授知识，更重要的是引导学生学会思考，培养他们的创新能力和综合素质。因此，我希望本书能够为初中数学教育工作者提供一些有益的参考，推动我国初中数学教育的发展。

此外，我还意识到，一个人的力量是有限的，我们需要团结协作，共同为教育事业贡献力量。因此，在未来的工作中，我会继续加强与同事、同行以及专家学者的交流与合作，不断提高自己的教育教学水平。

这本书的完成，是我学术道路上的一次重要突破。在未来的学术研究过程中，我将继续深入研究初中数学教育领域的问题，并将所学、所思、所想用于教育教学实践中，践行"育真课堂"的理念，为学生的成长和发展贡献自己的一分力量。

再次感谢所有关心和支持我的人！

赵桂枝

2024 年 8 月于中山纪念中学